［新装版］経営のプロが教える企業再生の奥義！

利益を3倍にするたった5つの方法

大久保恒夫　リテイルサイエンス代表取締役会長

ビジネス社

新装版によせて

『利益を3倍にするたった5つの方法』を上梓してから、約10年の時が経過しました。

今読み返して思うのは、あれから時代は大きく変わったものの、この本に書かれている内容は、ほとんどが今でも変わらずに通用する、ということです。

時代が変わっても、商売の基本は変わりません。

商売の目的はお客様に喜んでいただくことです。それを実現するのは現場であり、実行するのは現場の人です。経営は経営者が行っていますが、経営者が一番偉いわけではありません。現場で実行しないかぎり、お客様に喜んでいただくことはできませんから、現場の人の行動がなによりも大切なのです。

そういう意味では、経営者よりも現場の人たちのほうが重要だといえます。

私は実際に経営を経験した上でこの本を書き、その後10年間でさらにいくつかの会社で経営を経験しましたが、現場が重要だという考えはさらに強くなっています。経営者が考えていることが現場に伝わり、それが実行されるかどうかで、業績は大きく変わってくるからです。

この本には、どうすれば現場の実行度が上げられるかが具体的に書かれていますので、ぜひ参考にしてほしいと思います。


経営を経験すればするほど感じるのが、人の成長でしか企業は成長していかないということです。リーマンショックが来たとき、私は成城石井という高級スーパーの経営者をしていました。

リーマンショックの影響で不況になり、高級品が売りにくくなりました。売り上げが上げにくい時代になったため、ほとんどの企業は、利益確保のために経費削減を強化していったのです。不要不急の経費を削減していき、その内訳を見ると教育費が上位に来ていました。

しかし、私の考えはこれとはまったく逆でした。

厳しい時代になったからこそ、一層教育を強化しないと生き残れなくなると考えていました。そこで店長教育を強化し、ＯＪＴとしてその教育内容を業務の中で実行させ、店長を育てていったのです。1年ほどがたち、店長が育ってきたと感じ始めたころから、成城石井は業績の上昇スピードが上がっていったのです。教育費は以前の4倍かかりましたが、それをはるかに上回る成果が得られ、利益が大幅に拡大していったのです。

そして、重要な商品を絞り込み、価格を下げずに売り込むことでも大きな成果を上げることができました。売り上げを上げようとするとき、商品数を増やしたほうが売り上げが上がると思いがちですが、実際にはそれとは逆のことが起こります。

商品の数を増やすと、本来売り込めば売れるはずの商品が売れなくなり、全体の売り上げは落ちていきます。

私がかつて経営していたドラッグイレブンでは、重点商品を絞り込み、現場の人に商品知識を教育し、接客力を強化し売り込む戦略を立てました。その結果、商品単価が上がり、粗利率が大幅に上がったことで利益が急回復していったのです。

その経験をもとに、成城石井でも社長就任早々、売り込む商品を絞り込み、思い切り売り込みました。成城石井には、高品質で味のいいこだわりの商品がたくさんありました。そこで、商品開発力も強化していき、その特徴をさらに強めていきました。

数ある商品の中から売り込む商品を本部で128アイテムに絞り込み、その中から各店舗が自店で売り込む商品をさらに絞り込んでいって、売場で強烈に売り込んでいきました。

それらの商品は単価も粗利率も高く、自信が持てる商品ばかりでした。商品のよさをアピールしていたずらに価格を下げずに売り込んでいったのです。絞り込んだ商品の売上構成比が上がるにつれて、全体の商品単価が上がり、売り上げも粗利率も上がっていったのです。商品単価が上がり、売り上げが上がったことで、作業量は増えることなく現場の生産性が上がり、人件費率も下がっていきました。その結果、食品スーパーでは非常識なレベルまで営業利益が上がっていったのです。

時代は大きく変わっています。特にＩＴ技術の発展により、急激に変化が起きています。ＡＩ、ＩｏＴ、ロボットは流通構造にも大きな変化をもたらすでしょう。物余りはますます激しくなり、ニーズが創造できないと売り上げが上がらない状況になっています。ＩｏＴでビッグデータが収集でき、ＡＩで分析できるようになり、その中からお客様のニーズを創造して売上を上げていかなくてはなりません。

そのため、お客様に一番近い小売業の重要性はますます高まっています。小売業が流通構造のリーダーとなり、原材料、生産方法、物流、在庫をコントロールし、お客様に売り込んで売り切ることにより、流通が効率化されます。仮説、検証を繰り返し、潜在化したニーズを掘り起こし、流通構造を効率化していく役割を小売業が担っていくことで、売り上げ、利益が上がっていくのです。

この本に書いたことが、実現しやすい時代になってきました。これまで以上に、小売業が重要な産業になってきているのです。小売業が本来の役割を果たし、売り上げを上げ、生産性を上げ、利益を上げることにより、経済が活性化されるのです。

こうした時代の到来にワクワクします。私も努力しますし、皆で力を合わせてこの実現に向けて頑張っていきたいと思います。

大久保恒夫

２０１７年７月

まえがき

いままで多くの会社の経営改革に携わってきました。イトーヨーカ堂では経営戦略担当部門の社員として、ユニクロ、無印良品ではコンサルタントとして、ドラッグイレブン、成城石井では社長として、それぞれ大きな成果を上げることができました。イトーヨーカ堂の経常利益は二五〇億円から九年で一〇〇〇億円近くへ、ユニクロは六〇億円から二年で一〇〇〇億円以上へ、無印良品は五〇億円から四年で一五〇億円へ、ドラッグイレブンはマイナス一五億円から二年で実質プラス一四億円へ、そして成城石井は経営改革初年度で前年比二倍から三倍の利益回復ができそうです。

どの会社でもリストラはしていません。あまり難しいこともしていません。ここかなと思う重要課題に絞って、思い切って、素早く手を打ちました。もちろん失敗もありますが、成功したことはもっとやり、失敗したことはすぐにやめました。これを繰り返すことで、成果はどんどん上がっていったのです。気がついてみたら、どれも三倍以上のものすごい業績アップになっていました。

「大久保マジック」と言う人がいますが、私はマジシャンではありませんし、魔法の杖も持っていません。地道なことを繰り返してきただけですが、いくつかの成功の基本原則があるような気がします。

それを五つにまとめてみました。

1. 経営と現場が一体となってお客様の満足を実現する

業績を上げるにはお客様に満足していただく以外の方法はありません。それを実現するには現場で実行することが大切です。そのためにはコミュニケーションを強化して組織が一体になる必要があります。経営者が正しく明確でシンプルな方針を出すこと、それに合わせて現場が具体策にブレイクダウンすること、それを組織全体で情報共有し、進捗度を確認していきます。これによって初めて現場がお客様に満足される手が実行され、成果につながるのです。

2. 仕事を通して現場の人を成長させる

現場一人ひとりの行動が成果につながります。現場の人が成長し、よりお客様に満足してもらえる手が打てればより大きな成果につながります。現場の人を成長させる一番いい方法は仕事を通じて学んでもらうことです。正しい指示を出し、自分で考えて実行してもらい、成功することにより人は成長します。それを正しく評価すれば、成長は加速していきます。現場の人が成長することが、企業が成長することであるし、企業の価値が上がるということです。

3. 重要なことに絞り込んですぐやる

たくさんのことをやろうとすればするほど、成果は上がらなくなります。いろいろな手がありますが、その中に大きな成果につながる手と、少しの成果しか生まない手があります。いろいろとやろうとすると成果を生まない手にまで時間を費やすことで、成果につながる手に十分な力を入れられなくなります。重要なことに絞り込むことが重要なのです。そして絞り込んだ重要なことをすぐやることです。考えても正解は出ません。やってみれば、正解はすぐ出ます。失敗してダメだとわかることは大きな成果です。なぜなら、それをやめればいいからです。成功すれば正解がわかるわけですから、思い切ってもっとやることです。考えていては時間が経ち手遅れになりますから、やってみて結果を確認して次の手を打ったほうが確実に成果につながります。

4. 売れる商品を価格を下げずに売り込む

売れない商品はどうしても売れません。価格を下げても、お勧めしても売れないものは売れません。それより売れる商品をもっと売ることです。既存商品の中ですでに売れている商品があります。また、いま売れていなくても、売り込めば売れる商品がありますす。それを見つけることです。売れる芽がありそうな商品があったら、売ってみれば結構売れる商品があります。新商品の中にも売れる商品がありますから、それを早く見極めます。そして、それを価格を下げずに売ることができれば、大きな利益につながるのです。価格を下げずに売り込む方法はあります。五つの方法を書いていますので、読んでみてください。価格を下げなくても三倍くらい売れたりします。

5. いままでのやり方をやめて、構造的に改革する

赤字だったり、業績が悪化したりしているということは、間違ったことをしているということになります。かつては正しかったのかもしれません。でも時代が変わり、

環境が変わったことで、通用しなくなっているのです。こうしたことは思い切って変えなくてはなりません。お客様の視点、現場の実態から、本来どうあるべきかを考え、原理原則、基本に戻って、根本から変えていくのです。いままでのやり方を続けたほうが楽ですし、昔のやり方で成功してきた人は抵抗するでしょうが、断固として変えていかないと、誰のためにもなりません。

いままで私が考え、打ってきた手、私が信じることをそのまま書いてみました。これを実行した結果、大きな成果につながりました。成果が上がり、業績がよくなれば、楽しくなります。高い目標をみんなで力を合わせて挑戦し、達成できればとても充実します。

多くの人が楽しく仕事に取り組み、ぜひとも充実した人生を送ってほしいと願っています。この本が少しでもお役に立てればうれしく思います。

大久保恒夫

二〇〇七年八月

1章 経営と現場が一体となってお客様の満足を実現する

2章 仕事を通して現場の人を成長させる

3章 重要なことに絞り込んですぐやる

4章 売れる商品を価格を下げずに売り込む

5章

今までのやり方をやめて、構造的に改革する

本書は2007年に小社から刊行した『利益を3倍にするたった5つの方法』の新装版です。

本文中の数字、肩書などは刊行当時のものです。

1章

経営と現場が一体となってお客様の満足を実現する

01
お客様は常に正しい

会社が成長していくためにはどうすればいいのでしょうか。その答えは明快です。「お客様に満足していただく」ことしかありません。

お客様のニーズにお応えできれば、会社は必ず成長し、その逆なら必ず衰退します。これは、**小売業だけでなく、すべての業種に通じる真理です**。

お客様は常に正しいのです。お客様がおっしゃることがすべてで、それ以外の真実はこの世にはありません。

たとえば、レストランでお客様がナポリタンを注文しようと思ったのに、間違えて「ミートソースください」と言ってしまったとします。でも、お客様自身は「ナポリタンを注文した」つもりでいるので、ミートソースをお出しすれば、「ナポリタンって言ったじゃない」と言い張るでしょう。

仮に、このときお客様の「ミートソースください」という発言をテープレコーダーでたまたま録音していて、「このとおりおっしゃっています」と証明したところで何の意味もありません。お客様は怒るだけです。気分を害されて、二度と来店しないでしょう。

もしここでウェイターが「お客様は確かにミートソースとおっしゃいました」と答えたら失格です。**たとえお客様が言い間違えたとしても、「申し訳ございませんでした。私が間違えました」と答えるのが正解なのです。**

この場合、お客様を満足させられなかったことだけが真実なのです。

もう一度言います。お客様は常に正しいのです。それが、接客業の鉄則です。お客様に満足していただくことが接客業なのですから、間違いを正したところで無意味です。

完全にお客様の間違いを証明できても、「申し訳ございません」と頭を下げることのほうが大事なのです。そうは言っても、現場の人たち全員にそこまで徹底させることは現実的にはかなり困難なことです。

同じように、クリンリネスについても、マニュアル化されていて、「何時に、どこを、どのように掃除しなさい」というルールが店舗では決まっています。それは、お客様に満足していただくために、「クリンリネスはこうあるべき」と本部で考えたものなのですから、現場の人にはマニュアルどおり徹底してやってもらいます。

掃除をしているときに、お客様が買い物をしていることがあります。コンビニエンスストアでは営業中に掃除をしますから、実際によくあることです。掃除している側からすれば、お客様が邪魔になります。そこで、「早くどいてくれないかな」という気持ちでいると、それが顔に出てしまったり、もっと悪いケースだと「お客様、すみません」と言って、お客様にどいてもらうことがあります。

お客様に満足してもらうために掃除をしているのに、これでは何にもなりません。優先順位が間違っているのです。ここでの正解は、**「お客様がいたら、そこは掃除しなくていい」**です。これが難しいのは、現実問題としてなかなか徹底できないところなのです。

でも難しいことだからこそ、徹底できれば大きな差別化になるのです。どこの小売業でも、「お客様のために」と言っていますが、実際は本当の意味で「お客様のために」はなかなか徹底されません。

これは、小売業に限らず、どんな業種でも同じで、基本的なことが徹底されずおざなりになっているのです。

ところが、**この難しいことが徹底できれば、マーケティング戦略の違いなどは問題にな**

らないほど、大きな実績につながります。

そして、難しくてなかなか徹底できないことだからこそ、もし徹底できるようになれば、ちょっとやそっとでは決してライバルに追いつかれることもないはずなのです。だから、何にもまして重要になるのです。私はそう信じて、今日も明日も、「お客様の満足」を常に言い続けています。

02

企業価値とはどれだけお客様に満足されているかということ

最近になって、投資ファンドが資本市場の中で大きな役割を果たすようになり、また一般の人も普通に株を買うようになってきました。いわゆる企業価値というものが注目され、会社の価値を客観的に評価するための指標や計算式がいろいろ取りざたされています。

その場合の企業価値の評価方法は、営業の結果として出てきた財務諸表などの数値、そのときの株価などをいろいろな角度から計算して定量的に表したものです。ＥＢＩＴ（利払い前の税引き前当期利益）、ＲＯＥ（株主資本利益率）やＲＯＡ（総資本利益率）は、国内の事情に疎い外国人や経営に詳しくない一般の人など、誰が見てもわかりやすい客観的な評価基準として非常に合理的なものなのかもしれません。けれども、会社の本当の価値が必ずしも反映されているとは限らず、特に定性的な面の企業価値はあまりその数値には表されません。

私はこれまで企業再生を手がけてきて、投資ファンドから企業再生を請け負ったこともあります。企業価値を上げることが彼らの大きな目標であり、考え方としては理解できます。誰の目から見ても論理的で納得できる数値的基準で企業価値を算定することは、非常に合理的なことから、そういう方法で企業を評価することを否定はしません。

ただし、それは投資家の判断基準であって、経営者の評価基準ではないのです。私自身、これまで企業再生に取り組むときに、計算上の企業価値を上げようとしたことは一切ありません。**投資家の考える企業価値の評価基準は考慮せずに経営してきました**。

私が唯一の指標としているのは、「どれだけお客様に満足されているか」に尽きます。経営者はこれ以外に考える必要はありません。

特に小売業の場合は売り場がすべてです。売り場がどれだけお客様に支持されているかだけを気にしていればよいのであって、それ以外の指標は経営には無用だし、冷静な判断の妨げでさえあります。小売業はお客様の満足度が業績に直結する傾向が強いのですが、すべての業種において、お客様に満足いただいて初めて売り上げが立つことに変わりありません。**お客様に満足していただいた結果、利益が上がり、財務諸表の数値がよくなり、株価も上がり、客観的評価としての企業価値が向上していく**のです。

財務諸表だけに注目すれば、人件費を削減することで短期的には営業利益が上がります。在庫を減らせば、キャッシュフローは改善します。見た目の数値をいじることで、計算上の企業価値を上げることは不可能ではありません。しかし、外見上、会社の内容はよくなっても、内実はかえって悪くなっているのです。

お客様に満足していただくには、よい人材がたくさん必要です。それを削ってしまえばサービスの質は落ち、結果的にお客様に支持されなくなってしまうでしょう。

同様に、お客様に満足していただくには、品切れを起こしてはいけません。売れ筋商品になると、在庫を十分に持たなければ欠品を起こしてしまうのです。

教育を充実してサービスの質を上げる、あるいは、十分な在庫を確保してお客様のニーズにお応えする。こういうことは経費がかかりますから、計算上は企業価値のマイナス要因です。けれども、本当に大切な「お客様の満足」は、目には見えないけれども着々と積み上がっている状態なのです。

大手衣料チェーンでも大手雑貨チェーンでもドラッグストアでも、**店に行ったときに、雰囲気がよくなっている、あいさつがよくなっている、品切れは少ないといった傾向が表れると、必ず数字も上がります。**お客様は正直ですから、雰囲気が変われば、来店頻度が増えていきます。すぐには売り上げが上がらなくても、いずれ如実に表れます。

ですから、現場を見たときに、雰囲気が変わっているのがわかると、ファンドの人たちに「数字が上がりますよ。雰囲気が変わっていますから間違いありません」と胸を張って大威張りで宣言します。すると、その時点ではまだ数字が上がっていないのですから、みなさんキョトンとしています。

でも私がこう言うときは、とても自信があります。数値には置き換えづらいことだけれども、**現場に活気が出てきた、雰囲気が明るくなってきた、お客様が満足されているということは、現場を見ていればもう一目瞭然でわかるのです。**

私は投資で言う企業価値など一切考えずに、お客様に満足していただくことだけを唯一の目標としてこれまでやってきました。その結果として、**かかわった会社のすべてで企業体質は改善され、再生を手がけた会社の営業利益はいずれも数倍に跳ね上がっています。**六〇億円だった営業利益が二年で一〇〇〇億円になったこともあります。これは財務諸表の数字をいじくっただけでは決して上げられない数字です。

営業利益が数倍になれば、当然ながら企業価値も改善されています。私の目指してきたことは間違っていなかったと改めて思います。

03 人件費はコストではなく、人が企業価値を上げる

お客様の満足が、企業価値の本質とするなら、そのお客様の満足を向上させるために会社は力を集中するべきです。そして、その場合にもっとも大切なのは、やはり人材です。

小売りで言えば、「お客様に満足していただける売り場をつくる」ことがもっとも大切な仕事になります。売り場づくりは人にしかできない仕事であり、人材の質によって大きく左右されることでもあります。

作業の改善ができるのも、お客様に満足される売り場を考えるのも、接客するのも、商品を仕入れるのも、品揃えをするのも、棚割りを考えるのも、店の設計をするのも、すべて人です。お客様の満足のために行動を起こしてクオリティの高い仕事をする、新しいことを考えて実行していくと、どんどん改善していく。そういう人材をどれだけ増やしていくかが、企業価値の向上につながっているのです。

ところが、財務諸表を見ると、人材はむしろコストとして表されています。そして、財務諸表上でもっともコストが高いのは人件費です。人件費を下げれば、利益が出やすいと思いがちです。

確かに、人件費を下げれば、一時的に利益は上がります。**しかし、私の経験上、人件費を削減して優秀な人材を失ったら、長期的には利益が出ない**と思います。

人件費を削減して利益が出たように見えるのは、せいぜい最初の一年間だけです。人員をカットすれば、残った人たちに負担がかかり、一つひとつの仕事の質は低下します。ベテランの社員から、短期雇用の派遣社員に切り替えれば、仕事の質は低下します。店舗でいえば、人件費を削ったことで、接客がおろそかになったり、商品の補充が遅れぎみになったりします。その結果、お客様の満足が得られにくくなっていき、売り上げは下がり、やがて利益も低下して、人件費を削った分がすぐ帳消しになるでしょう。

人件費を削るという戦略の中に、売り上げ増につながる要素はありません。顧客サービスの向上に寄与する要素もありません。結局、会社の成長にはなんら寄与することなく、短期的に利益体質は改善しても、長期的にはむしろ低落傾向を招くだけなのです。

事実、リストラをして利益は上がったけれど、その後はジリ貧状態という事態が、いままで多くの会社で繰り返されてきました。特に経営危機に陥った会社は、どうしても目先の利益を上げたいがために、短期的な思考で人件費の大幅カットの誘惑にかられることが多くなります。それによって企業価値をどんどん落としていっているのです。

私自身の経験で印象に残っているのは、ドラッグストアのときにやった化粧品のＰＢ（プライベートブランド）の展開です。オリジナルブランドにもかかわらず、年間で一〇億円以上を売り上げ、ブランド化粧品の売り上げを上回ったほどでした。

その原動力となったのが、ビューティーアドバイザー、いわゆる美容部員です。以前は普通のドラッグストアですから、美容部員など置いていません。私が社長に就任してから、美容と健康の専門店になるという方針を打ち出し、一から教育していったものです。

二〇〇人のビューティーアドバイザーを育成し、商品知識から肌に関する知識まで徹底的に教育し、出来上がったオリジナル化粧品を売り出したところ、もっとも実績の高い人は、一カ月で三〇〇万円を売り上げるまでに成長しました。

商品の値段は一本五〇〇〇円ほどですから、一日二〇本の計算です。八時間店頭にいたとしたら、二〇分に一本ぐらい売れるわけです。ということは、説明したお客様には必ず売れているわけです。

その商品は価格もさることながら、粗利が六割以上の商品ですから経営に対する貢献がとても大きい。売り上げが月三〇〇万円ということは、毎月二〇〇万円、年間で二四〇〇万円の粗利を一人で稼いでいることになります。その貢献度は、社長の私など比較になりません。こういう人が一人いるだけでもすごい利益が上がるのに、そんな凄腕のビューティーアドバイザーが一〇人ほど、月一〇〇万円ほど売る人がさらに三〇人ほどいて、わずか四〇人ほどで月六〇〇〇万円の売り上げを上げるようになりました。会社にとって必要なのは、こういう人たちです。

しかも、**ビューティーアドバイザーたちは、もともと販売力があったわけではなく、突然変身してそこまで育っていった例が決して珍しくないのです**。そんな凄腕のビューティーアドバイザーの一人が言っていたことがいまでも忘れられません。

「**いままでこんなに仕事が面白いと思ったことはなかった。私にとって仕事はとても辛いことで、何をやってもだめでした**。それがこの商品と出会って私は変わりました。この会社でこの商品に出会って本当によかったです」

人が企業価値を上げるのです。

04
会社の売り上げ、利益は現場で働く人がつくる

　経営者は、マネジメントの頂点にいて、社内のすべての部門を掌握する立場にあり、最高意思決定を行っています。自分の決定に社員を従わせる力もありますから、「一番偉いんだ」という錯覚に陥ってしまいがちです。

　よくよく考えてみれば、会社にとってもっとも「偉い」のはお客様なのです。「お客様は神様」と言われるとおり、会社にとってお客様は常に正しく、お客様のご要望に勝る正義はありません。すべての決定権、判断基準はお客様にあるのですから、お客様のご要望にお応えしていくことが経営の基本なのです。

　どこの会社でも「お客様第一主義」などといった経営理念を掲げています。お客様の満足を高めるための手を打ち、現場に対していつも「お客様を大事にしなさい」と言っているはずです。**では、実際にそうなっていないのはなぜなのでしょうか。もし、「お客様第**

一主義」が本当に徹底されていたら、すべての会社がお客様に支持されて、業績が向上していなければおかしいのです。つまり、いくら経営理念で「お客様が大事だ」と謳っていても、お題目に過ぎないのが実態なのです。

会社にとってもっとも大事なのはお客様です。では、その次は誰かと聞くと、答えられる人は少ないはずです。**お客様の次に偉いのは、お客様にもっとも近い現場の人です**。それなのに経営者は現場に指示・命令できると錯覚していないでしょうか。

経営者が「こうしろ」と命令してしまうと、現場で「お客様のニーズに対応して満足していただく」という発想はなかなかできないのです。なぜなら、指示を守ることが前提になってしまうからです。「こんなことをやって本当にお客様のためになるのか」という疑問があっても、上からの指示だから従わざるを得ない。あるいは、現場の実状と合致しない指示・命令を実行する事態が発生しているわけです。

お客様のもっとも身近で働いている人たちの意見や気持ちを反映し、その人たちがもっとも働きやすい仕組みをつくっていくことが大事であって、経営者は、現場に指示・命令する立場ではなく、概念的には現場の人をサポートする役割でなければなりません。経営者が現場の人を助け、現場の人たちが働きやすい職場を実現することで、現場の人がお客様のニーズに対応して満足していただくことができるのです。

それでなくても、現場は会社を向いて仕事をしてしまいがちです。自分たちの雇用を握っているのは会社であり、評価するのは上司であり、決定するのは経営者です。お客様のために行動しようがしまいが、会社の指示・命令に従っていれば、「少なくともマイナス評価はない」ということでは絶対に会社はよくなりません。

イトーヨーカ堂は、とても面白い組織図をつくっています。**その組織図では、お客様が一番上で、その下に各店舗があり、以下、本社の各課、各部と続いて、一番下に経営者がいます**。つまり、普通の会社の組織図とは正反対になっているのです。

これは単に組織図を反対にして見せているだけではなく、全社共通の認識として徹底されており、全社会議のときでももっともいい席に座るのは現場の人で、役員や社長は末席に座っています。私がイトーヨーカ堂の社員だったときも、当時の伊藤雅俊社長から「私たちが偉そうに現場の人たちに指示を出してはいけません。現場の人たちがもっとも偉いのですから、現場に指示するのではなく、私たちが現場の人に教えてもらうのです」と常々言われたものです。

具体的にいま私が実践していることで言うと、**現場で頑張っている人がいたら、すかさ**

ず褒めています。本部から指示したことが現場でそのとおりに行われていたら、「すごいね」「がんばっているね」という言葉が自然に出てきます。褒めたらすぐに写真を撮り、社内の情報共有システムに「○○店の○○さんは、こんなにがんばっています」と掲載します。さらに目覚ましい成果を上げた人は毎月の店長会で表彰するというように、ことあるごとに現場の人を褒めていきます。

ドラッグストアのときには、がんばっている人を毎月の店長会の席に呼びました。経営者と店長たちみんなで直接本人を褒め称え、そして、がんばってきたことを発表してもらいました。表彰するのに、三〇分以上かかりました。

現場の努力は、筆舌に尽くしがたいものがあります。その努力を知ると、本当に頭が下がります。

現場の人が努力してくれない限り、会社の売り上げは上がりません。本部で考えるほど現場でやることは簡単ではないのです。その簡単ではないことを経営者が「やれ」と偉そうに指示を出せる立場では決してありません。本部の指示をそのとおりやってくれて、大変な努力をしてくれて、成果を上げてくれたら、「本当によくがんばっていますね。ありがとう」という言葉が自然に出てこなければおかしいのです。

05

経営戦略を現場の隅々にまで徹底し、具体的行動にしていく

現場の人たちが動かない、考え方や行動を変えないのには理由があります。忙しくて手が回らない、指示が高度で難しい、設備の不備など職場の機能的な問題、あるいは本人の個人的な問題である場合もあります。

優秀な人は、いろいろな課題があってもそこを自分で工夫して乗り切ってしまうので、「できている人もいるのだから、その人次第だろう」などと思いがちです。でも、実際には自分では課題を克服できないのが普通の状態なのですから、行動に移せない理由を経営側が解決しない限り現場は絶対に動きません。

経営者は、現場がどういう実態なのか、現場の人たちはどういう気持ちで働いているのか、どんな行動をしているのかを、まず把握することが大事になります。現場を知らずして、本当に効果的な手が打てるはずはありません。一つひとつの作業について「これをや

ってくれ」と指示するだけではなく、会社の大きな方向性や目的を現場の社員、パートやアルバイトにいたるまで、きちんと説明することが重要になります。

ここまでは、当たり前といえば当たり前です。多くの経営者は、現場を知る努力をしているはずです。それでも、現場がなかなか動かないのは、現場を知るだけでは不十分だということです。

多くの会社では、会社の方向性など大局的な考え方や戦略を、現場にちゃんと説明していないものです。「会社の経営戦略なのだから、幹部クラスだけで認識を共有していればいい。現場の人に話したってしょうがない」と思っているようです。これは、大きな間違いです。会社の指示は誰かが最終的に実行しなければならないものです。その誰かというのは実際にはパートやアルバイトであることが多いのです。

実際に、イトーヨーカ堂でもユニクロでも、経営方針説明会を年二回開いて、現場の人たちを集めて、経営者が自分で経営方針を説明しています。

私がイトーヨーカ堂に在籍していたときには、事務局を担当していたのでよく覚えていますが、グループ全体で、現場の売り場主任クラスまで集めます。参加者は一万人近くなりますが、そこで経営者自身が現場の社員たちに直接経営方針を説明し、具体的な各部の戦略を発表します。

全社戦略を、現場の隅々まで浸透させていくことで、一つひとつの細かい指示を出したときに、現場の人たちが全社戦略の中の一つの役割として作業を認識します。そうすることで、自分のやっている仕事がこうして会社に貢献している、世の中に影響を与えていることを理解していきます。その結果、各部署の細分化された業務においても、上から下まで一本筋の通った経営戦略が浸透し、現場で実行されていくのです。

経営者がアルバイトまで一人ひとりに直接会って気持ちを伝えられない以上、上司から部下に指示が伝えられていく中で、一人ひとりが会社の方針を理解し、情熱を持って伝えていくしかありません。つまり、現場の最前線であるパートやアルバイトに伝える朝礼、終礼、業務日誌によって、会社の方針を具体的な行動に移せる話ができているかが問われるわけです。その証拠に、業績が上がっているときは、現場の朝礼・夕礼で会社の方針がしっかり語られています。これは、経営者が常日頃から、現場に対して会社の目指している方向性、大局的な考え方、経営戦略を自分の言葉で説いているからです。

成城石井でも、本部から毎週の重点課題を通達しています。たとえば、「あいさつの強化」とそこに書いてあったら、店長が「本部から『あいさつをしっかりやってください』という通達がきたのでみんなよろしく」と言ったところで、まったく意味がありません。それでは誰も行動を変えないでしょう。

そうではなく、店長が「私たちの仕事はお客様に満足していただくことだ。そのためにまず基本的なことはしっかりやらなくてはならない。俺はあいさつをしっかりして、お客様に喜んでもらうんだ」と本気になって現場の人に伝えたら、ガラリと変わるのです。

伸びている会社は例外なく、社員はもちろん、現場で働いているアルバイトでも、会社の方向性、大きな目的を聞かれれば、はっきり答えられます。それは、美辞麗句を並べただけのとってつけたような企業理念のことではありません。経営者が考えるのと同じレベルで、会社の目指している方向性をちゃんと理解しているのです。

06

短期的な利益より長期的な利益を重視する

会社には、行動を変えればすぐに実績につながるものとは別に、「将来のためにやらなくてはいけないこと」があります。どちらかといえば、「将来のためにやらなければならないこと」のほうが会社にとっては重要です。それでいながら、現場はやりたがりません。なぜなら、いまやってもすぐに実績にならないからです。

大切なことだけれども、評価につながらないことを無理にやらせるのは経営者の身勝手です。従って「将来のためにやらなくてはいけないこと」は、経営者自ら担当する必要があります。現実には、経営者一人では何もできないので、組織の中で具体的に誰が何をやっていくのかを考え、通常の評価テーブルとは別の指標を用意し、他の社員が納得できる仕組みを整えることが必要です。長期的な視点で考えて、会社を発展させていく役割を担うとしたら、それは経営者しかいないのです。

いま株主の声が強くなっており、短期的な利益を志向する方向になりがちですが、これは非常に危険な兆候です。投資家は儲からなければ株を売ってしまえばいいかもしれませんが、経営者も社員も逃げるわけにはいきません。会社は人材がすべてであり、企業価値を生み出しているのは社員です。その社員が安心して働き、価値を生み出し続けるためには、将来の成長に向けて着実に手を打っていくことがとても重要であり、それが結果的に株主利益にも適うはずです。

私自身、ファンドなどから企業再生を任されたときには、常にこう言っています。

「私は目先の利益のためには動きません。長期的に成長させる手を打ちます。そのためにお金がかかります。だけど経営には絶対に必要なことなのです」

長期的な手と同時に短期的に成果の上がる手を打ちますから、三カ月目くらいから業績はよくなってきますが、本格的に数字が変わってくるのは一年くらいしてからです。二〇〇三年の社長就任時、ドラッグストアを再生するためにすぐに効果の上がる手と並行して、長期的なプランを私は考えました。

当時、そのドラッグストアはディスカウント型のドラッグストアへと傾倒しており、これが不振の原因だと分析できたので、美容と健康の専門店型のドラッグストアにすべきだと考えたのです。すると、専門店として売り込むべき差別化された商品の開発、接客のレベルアップが必要になります。どちらも気の長い話です。

結果的に商品開発に一年かかり、販売員の教育も同時進行で一年かけてやりました。ですから初年度の実績はゼロです。ところが、商品が出来上がって、販売員教育も完了したとき、業績が飛躍的に向上しました。

新しく開発した商品は粗利が六〇％以上取れる商品でしたから、その商品を売上構成比で一五％にしようという目標を私は立てました。当時メーカー品は価格競争が限界に達しており、定価の二〇％引き三〇％引きが当たり前で、小売りはもちろんメーカーも利益が取れない状態でした。私たちが六〇％もの粗利が取れる商品を出して売上構成比を一五％にしたことで、粗利は前年の二三％から二九％へと改善し、前年の赤字一五億円の営業利益を、実質一四億円の黒字に転換し、飛躍的な業績改善につなげたのです。

短期的な利益を考えれば、ディスカウントと経費削減の効果は非常に高く、経営者はその誘惑に駆られがちです。しかし、コスト削減は短期的には利益が上がりますが、続けると仕事の質はどんどん低下して現場が乱れて売り上げも利益も下がってきます。ディスカウントも短期的には利益を上げることもありますが、続けていると、次第に売り上げが下がり、利益は急速に悪化します。どちらも、長期的にはマイナス要因になるのです。

私がイトーヨーカ堂の経営改革スタッフの一員として参加したときは、経営改革スタート時に二五〇億円だった経常利益を、九年かけて一〇〇〇億円にしました。そのときは鈴木敏文会長が中心になって進めていたのですが、後に独立し、コンサルタントとしてユニクロの経営改革に携わったときには、六〇億円だった経常利益を二年で一〇〇〇億円に、無印良品では五〇億円だった経常利益を四年かけて一五〇億円近くに、ドラッグイレブンでは一五億円の赤字を二年後に実質一四億円の黒字に転換させました。

いずれも当時のトップがリーダーとなって経営改革を断行しています。本質的な経営改革が進んで高収益体質になり、以前の数倍という飛躍的な利益の成長を達成しています。これは、ディスカウントや経費削減では絶対に不可能な数値です。

より高く売れる商品を開発する、同じ仕事ならクオリティを高くするという戦略でなければ、会社は成長しません。もちろん、言うほど簡単なことではありません。長期的に取り組めば必ずいつか花が咲くわけではなく、失敗に終わることもあります。

それを承知で、経営者は「私の責任でやる」と言わなければならないのです。会社の将来を左右するような決断ができるのは、経営者だけなのです。

07

仕事とはコミュニケーションすること

経営者は会社を管理、マネジメントしていくのが重要な仕事です。

数字は現場の人の行動によって変わってきますが、経営者がしっかり経営をしていないと、現場の人の行動につながりません。全社の動きを細大漏らさず把握した上で方針を打ち出し、その方針の下で各部が具体的な行動を取る。このことにより現場が変わり、業績が変わっていくのです。

経営者は、自分自身で現場を変えることはできません。マネジメントを通して現場とかかわるだけであって、私にしても売り場で毎日、お客様に「いらっしゃいませ」と言ったり、接客をして商品を売り込んだりすることはできません。仮にできたとしても、すべての売り場ですべてのお客様を相手にするのは物理的に不可能です。ですから、具体的な業務は、現場の社員にやってもらわなくてはならず、そうすることでしか業績を上げることができないわけです。

つまり、経営者がいかにして現場の人たちの行動を促せるかにかかっています。そして、**人を動かすには、とにかくコミュニケーションをとる以外にありません**。

現場は日々、自分の考え方で判断できることばかりではありません。しかし、経営者の口から「うちの会社はこういう経営をしていくんだ」と日常的に語られ、全社員がそれを理解していれば、個々が会社の方針に沿った判断を行い、具体的な行動に移せるのです。

経営者からの一方向的な通達は、無意味です。会議で「こうしろ、ああしろ」というだけではなく、日常の行動、日常の会話のすべてがコミュニケーションです。あらゆる機会をとらえ、経営者は自分の考えていることを社員たちに明らかにしていくのです。

組織が大きくなればなるほど、経営者の考えが素直に伝わらない傾向があります。経営者と現場の距離がどうしても離れてしまいますし、経営者に会ったこともない、まして直接話を聞くような機会はなかなかないものです。そこをどうやって乗り越え、経営者が考えていることをなるべく直接的に現場へ伝えていくかです。

経営者としては妥当な戦略目標を立て、そのための方針を理論的に構築して、それがいい案だったとしても、現場では「現場の事情もわからず勝手なことばかり」と受け止められるものです。経営者はちゃんと現場のことを考えている、現場も経営の意思をなんとか反映しようとしているのに、これでは不幸です。

ですから、あらゆる手段を使い、あらゆる機会をとらえ、経営者の考えていることを現場に発信し、現場の考えていることを経営者が受け取るためのコミュニケーションが欠かせないのです。

私自身、暇があれば極力、現場を見に行くようにしています。週に二〜三回、忙しいときでも少なくとも週に一度は現場に行きます。たいていは夕方、仕事の手が空くと、秘書に「行ってくる」と断っておいて、いつも一人でいきます。そのときに、予めどこの店に行くとは言いません。私が来ることがわかっていると、慌てて準備することがあるからです。普段の様子を見たいので、黙って突然行くわけです。

店舗で何をしているのかというと、最初は黙って、売り場を観察しています。現場の人は忙しいので、しばらく私の存在に気がつかないこともあります。黙って見ていると、現場の人のがんばりをすごく感じるのです。

そのうちに、お客様が途切れて、現場の人の手が空くと、二言三言、いろいろ聞いてみます。このときに聞いた生の声が経営にはとても役に立つのです。

このときに、**本部で指示したことができていて成果が上がっていたら、「すごいね」「がんばっているね」と褒め称え、逆に指示どおりにできていないときは、本人には直接言いません**。現場をマネジメントするのは私の仕事ではなく、頭を飛び越えて私が指示してしまえば組織の秩序が崩れます。営業本部長や店舗運営部長に、現場でこうなっているから対応してくださいと言います。

現場が指示どおりにできていないのは、指示の出し方が悪いのであって現場の責任ではありません。組織はシステムで動くのであり、本部が指示したとおりの行動が現場でなされていないのは、システムの不備なのです。だから、現場で指示したことが行われていないと、上司に電話で「どうなっていますか」と確認するのです。

ここが、コミュニケーションの大事なところです。会社がよくなるヒントも、悪くなる端緒もすべて現場にあります。**現場の人と話していれば、大切な生きた情報が得られます**。得た情報を元に戦略を考えて指示して、そのとおりに現場で行われていれば、「それでいいんです。これからも続けてください」と言うだけで、現場の人も自分のしていることの正しさが確信できます。できていなければ、指示の出し方を改善するということを繰り返していくことで、だんだんと現場が変わってくるのです。

08

コミュニケーションとは相手の行動を変えること

コミュニケーションで重要なことは、相手の行動の変化につながっていくことです。経営者の考えていることをいくら会議で表明しても、そのとおりに現場が行動しなければ、コミュニケーションをとったとはいえません。

たとえば、経営会議などに現場の課長や店長を呼んで意見交換する機会をつくっている例はどこの会社でも多く見られます。それ自体はいいのですが、会議を開いただけでコミュニケーションをとっているような気になっていないでしょうか。

あるいは、組織体が大きくなってくると、一人ひとりと直接的に接する機会がどうしても限られますので、自分の考え方を紙に書いて「通達」といった形で配布することが多くなります。相手が多い場合はなんらかのメディアの助けを借りるのは仕方ないにしても、通達を出しただけでは現場の人の行動はほとんど変わりません。

コミュニケーションをとるのは、相手の考え方が変わって、行動の変化が表れることが目的なわけですから、経営者の言うことを社員がただかしこまって聞いているだけでは意味がありませんし、聞いてもいないならもっと無意味です。

それでは、どのようなときに人は行動を変えるのでしょうか。納得して行動に移すときには理屈も必要になりますが、多くの場合、人は理屈で動きません。**人の行動を決定的に左右するのは、圧倒的に感情なのです**。感情は言葉では伝わりませんが、**経営者がどれだけその問題を重要と思っているか、表情、目つき、身振り手振りといったもので如実に伝わるものです**。つまり、コミュニケーションとは顔を突き合わせ、相手を見ながらでなければいけないのです。

イトーヨーカ堂グループはダイレクト・コミュニケーションをとても大切にしている会社です。すべての店の店長やスーパーバイザーを毎週本部に集めて、鈴木敏文会長をはじめ、経営幹部が経営戦略などの話を直接全社員にしています。グループ全店ですから、その数は私が在籍していたときで二〇〇〇人に達していました。交通費や滞在費などだけで年間数十億円はかかっているはずです。**それだけのお金と手間をかけても、直接会わなければ大事なことは伝わらないと鈴木会長は考えているのです**。

合理的に考えれば、ペーパーにして全店に配布すれば済んでしまう話かもしれません。あるいは、ビデオで録画して全店に流すという方法もあるでしょう。その場で話すわけですから、うまく言葉が出てこないこともあるし、データがすぐに用意できないこともあるかもしれません。ただ、表面上の言葉やデータよりもっと大事なものがあるのです。それは、経営者の持つ熱意だったり、感動だったり、あるいはもっと直接的な怒りや喜びといった感情です。直接会って面と向かって話をすることで、言葉にならない思いが相手に伝わり、その人の行動を変えていくのです。

私も通達を出すことはありますが、現場に行ったときに聞くと、店長はだいたい「見ています」と言います。続いて、「そのとおりにやりましたか?」と聞くと、口ごもってしまう。実際には何もしていないことが多いのです。

私は経営改革をするときには本部の指示を現場で実行してもらうために、スーパーバイザーやエリアマネジャーの組織化をいつも最初に行います。店長とはなかなか会えないけれど、**毎日スーパーバイザーやエリアマネジャーに会って直接思いを伝え、経営者から受け取った思いをスーパーバイザーやエリアマネジャーが店長に直接伝えるのです**。現場に紙で伝えていたら、思いが伝わるはずはありません。

最近では通信網が発達して、テレビで会議ができたり、朝の経営者の訓示がインターネット配信されるようになりました。確かに、紙よりはこちらの思いや情熱を伝えやすくなりましたが、それでも会って話すことの重要性は変わりません。

私自身も、会議などで話すときに、事前に原稿を用意していても、その場の空気によってまったく違う話に変えてしまうことがあります。直接相手の顔を見ていると、「どうもやる気がなさそうだ」とか、「まだ納得していない様子だ」というのがなんとなく雰囲気でわかります。そのときは話を変えたり、相手に発言させたりして、相手が「なるほど、やろう！」という顔つきになるまで続けます。

直接会って面と向かって話をしていれば、相手の顔色や表情、しぐさから、相手の気持ちがよくわかります。それによって、こちらも話す内容を変えてみたり、励ましたり、叱咤したりして、相手の気持ちを動かすことができるのです。

09

だから社長室をつくらない

コミュニケーションで気をつけなければならないのは、**「きれいごとのコミュニケーション」に陥らないこと**です。悪い報告をするときには、なんとか期待を持たせるような話にしたいし、業務の指示を受ける場合も、納得していなくてもそう言いづらいものです。

たとえば、売り上げが芳しくないと報告するときにも、悪い数字の報告のあとに実際にはそんな根拠などなくても、「次の四半期までには回復します」と付け足す。あるいは、上司の指示に対して、心の中では「無茶な指示だ」と思ったとしても、面と向かってそう言いづらいので、「なんとかやってみます」と答え、その場をつくろってしまう。こういうことは実際によくあります。

「次の四半期までには回復させます」と言っていたのに、実際に四半期がたってみたらまったく回復していない。回復の見込みなんてないのに、その場しのぎで言っているだけですから、当然そうなります。あるいは、指示を出したときに、「なんとかやってみます」と答えたからやってくれているものと思ったら、ふたを開けてみたら実行できていない。問い詰めると、そのときになって「実はこういう問題があって」と話す。それなら最初から、本音を言ってくれれば対策を打つことができるのに、なかなかそういう本音は言ってくれないのです。

これは指示を出す側にも問題があって、「言うことは言った、やるべき手は打ったのだから、結果が出ないのは現場が悪い」という既成事実にしたい思惑があります。当然、指示を受ける側も、「聞くことは聞いた、やれと言われたことはやった」という既成事実が残ります。そのときには「こんなことをやっても効果はない」という本音は言わない。

当然、結果が出るわけがありません。こんなことを続けて、**お互いにその場をきれいごとで済ませてしまい、本音を隠したままでは会社の業績がよくなるはずがありません。**

経営者の指示があれば、現場の人はいかにも自信がなさそうな顔色をしているのに、「はい、わかりました」とけなげに答えるものです。そこで、「本当にできるの？　結構難しいと思っていない？」と聞いてみると、「実は……」と、やっと本音を話してくれる。**現場が打ち明けたがらない実態がどれだけあからさまになり、どれだけ本当のところが見え**

てくるかによって、初めて現場の問題点が解決されていくのです。そのためには、言い訳の先にある本音を聞きだすことが重要です。

指示を出したとき、「できない」と現場が言うときには、それなりの「できない」理由があるのです。指示を出すだけ出して、「できないのは現場が悪い」「おまえらの能力がないからだ」と言ってしまえれば楽です。しかし、それをいくら続けたところで一向に実績につながりません。本当に必要なのは、相手が口ごもって話したがらない本音の部分です。

本音を知る一つの方法は、なるべく現場の近くにいつもいることです。私は数社の社長を経験していますが、これまで一度も社長室を使ったことがありません。**社長室にこもってしまうと、現場の生の声から遠ざかってしまう**からです。

だいたいは営業部の隣に机を用意してもらい、衝立も使わず、社員となるべく近づくようにします。オフィスで行われていることは、格好よく虚飾された報告書からは見えない、まさに現場で起こっている生の事実です。

何かトラブルが起きた、クレームが入ったといった一報が入ると、怒鳴ったり慌てたりする社員の行動から様子がそれとなくわかります。あるいは、いま進めているプロジェクトで誰がどんな役割をしているか、進捗状況が順調かそうでないかといったこともわかるものです。**社員の声や表情、しぐさは、会社のリアルの現状を映し出している**のです。彼らの行動を見て、会社の実態をつかんでいくのです。

社員にとって、経営者はやはり怖い存在です。できれば面と向かって話したくないものです。それに、できるだけ現場の実態を隠したいものです。会議をしても、呼び出して報告をさせても、まず本音を素直に言うことはありません。社長室にこもってしまえば、現場の本音はますます聞こえなくなってしまいます。

経営者の本当に重要な仕事は、現場の改善です。現場を改善するためには、現場の実態を理解することが必要です。そのためには現場の日常に触れられる環境に身を置くことが、重要なのです。

10

マンネリを恐れず、できるまで徹底する

私がイトーヨーカ堂に在籍していたころ、いつものように業務改革委員のメンバーが集まって会議を始めようとしたところ、鈴木敏文会長は席に着くなり、開口一番こう言いました。

「この中に、業革が最近マンネリ化していると言う人間がいる！」

その瞬間、会議場が凍りつきました。鈴木会長の怒りが尋常でないことが見て取れたからです。

鈴木会長は業革の席で、毎回基本的なことを徹底しておっしゃっていました。それをメンバーの一人が「マンネリ化しているんじゃないか」と意見したことが、会長の耳に入ったらしいのです。それこそ「そんなことを言うやつは出て行け」という勢いでまくし立てました。

「大事なことだから言わないわけにはいかない。私だって毎回同じことは言いたくない。でもできていないから毎回言わないといけないんじゃないか。できるようになるまで何度でも言うぞ」

仕事には、次々に新しくチャレンジしていかなければならないことともに、同じことをずっと守り続け、徹底して継続しなければならないものがあります。それを教えてくれたのは鈴木会長のこの言葉でした。

特に**基本的な事柄については、新しいことをするより、同じことを延々と継続していくことが大切です**。あいさつ、クリンリネス、品切れ防止について、新たな課題が次々出てくることではありませんが、ずっと継続していかなければならない問題であり、徹底するのが難しい問題でもあります。

あいさつは言い続けないとやらなくなってしまうので、同じことを何度でも常に言い続けます。これをマンネリと言えばそうかもしれませんが、マンネリは同じことが飽くことなく続けられているわけですから、徹底しているということでもあり、見方によっては正しいことなのです。

仕事の中で重要なことは、そんなにたくさんはありません。優先順位上位の重要なことがらに絞って、それを徹底するのが重要ですが、**もっとも重要な項目とは「ずっと続けなければならないこと」になるのです**。

基本的な事項とは、もっとも大切なことで、継続が難しいことですから、いつも重要な仕事の項目として必ず入れておくことです。

ずっと同じことを言い続け、徹底し続けます。できていても、「もうこれでいい」ということはありません。しばらく放っておけば、また元に戻ります。だから、毎日言い続けなければならないのです。

私の場合は、週単位で物事を決めて指示を出し、実行して、その結果を見て、翌週にまた次の指示を出すというサイクルです。

小売業の場合は特に、土曜日曜の営業が山になるので、その結果を見て、「今週末の土日のためにいまどのような手が打てるか」を月曜日に決めます。その方針を具体的な指示にまで落とし込むために、毎週月曜日に会議をしています。

そして会議では、「営業はどうする、商品部はどうする、販売部はどうする」ということをその場で決めて、翌日の火曜日から準備が走り出し、土日までに実施して、その結果を見て月曜日に私が方針を決めて、会議で方針を発表するという繰り返しです。

だいたい、火曜日には具体的な指示が店舗には到達しています。ただ、それはやはり通達という形で紙によって指示が出されるので、ほとんどの店では見るだけでなかなか行動に移しません。そこで、指示がどの程度実行されているか、スーパーバイザーやエリアマネジャーが直接店に行って確認し、水曜〜金曜の間に実行できる態勢を整え、土曜、日曜を迎えるというわけです。

このように、現場を週単位のサイクルで改善していく。これは本部の役割です。現場を管理監督し、指示を履行させることを徹底するのではなく、**問題点を把握して、行動が変わらない理由を分析し、新しい指示を出していく。これを、ある一定のサイクルの中で、延々と飽くことなく続けていく**ことを、仕事の仕組みとして構築することが大切なわけです。

現場の人ががんばる、現場でノウハウを積み上げる、現場の人が仕事を変えていく。その前提として経営方針があり、現場で起こっている一つひとつの問題に対して、一定の方針の中で対応の方向性を決めて、各部の具体的な指示にブレイクダウンしていく。

その指示が現場に伝わって、誰が、いつ、何をするのかを明確に決めていく。すべての部署や人が、一定のサイクルの中でマンネリになりながらも仕事を進行していくことによって、現場が変わっていくのです。

11 計画は作成することよりも実行することに力を入れる

どこの会社でも、経営計画はつくっているはずですが、それが実際に機能しているとは限りません。経営計画が間違っていることはあまりなく、多くは、せっかく立てた計画が神棚に上げられてしまい、一向に実行されないことに問題があるわけです。

経営計画がちゃんと実行されているのかを、なるべく細かいサイクルで進捗を管理することが重要です。現場の最新の正確な状況が、常に更新されて、経営者が確認できる状態でなければならないし、それを組織全体が情報共有している仕組みをつくることが重要です。

経営者の考えていることは、サイクルが長いのですが、目標を達成するためには日々の業務が計画どおりにちゃんと実行されていなければなりません。期末になってから、目標に達していないことがわかっても遅いのです。

計画が実行されないのは、多くの場合、現場の怠慢ではなく、計画が現場の実態に合っていないことに原因があります。つまり、現場の実態に合った計画を立て、その実行度に合わせて修正を加えていかなければならず、後で判明して「なんでやらなかった」と怒ってもしようがないのです。

計画の履行を阻害する、ボトルネックとなっている要因を早く察知して、すぐに手を打つ。期中にデータを見ながら、達成率を、日割り、週割り、月割りで換算し、進捗を確認し、達成率が低ければ、問題を早く察知して、その期の中でやるべきことを解決していくようにするのです。

改めて要点を書き出すと、次のようになります。

- **長期的な戦略方針、会社の大きな方向性を経営者が決め、部門ごとに達成すべき指針をつくる**
- **全社戦略に沿った形で、各セクションの責任者が、年間、月間、週間で具体的な行動を決め、それをさらに現場レベルまでブレイクダウンしていく**
- **具体的な行動が決まったら、いつまでに、誰が、何をやるかを決め、達成目標を定めて実施。その進捗状況を週間で確認し、目標が達成できていれば褒め、達成できなければ**

別の方法を考える

書き出してみると、至極当たり前なことばかりです。経営には魔法の杖はありません。極めて当たり前のことを、粛々と、正確に、徹底して行う。これが本当のコツと言えるかもしれません。

成城石井「恵比寿店」の前を通ったときのことです。その週の会議で決まった指示が、店頭でまだ実行されていませんでした。このときは「今月の一品」という企画を、年間を通してやろう決めた第一週でした。この企画は、私がずっと提唱している「高品質で価格が高く、粗利の取れる商品」を開発し、お客様に売り込んでいこうというものです。成城石井としてもっともやりたい企画でした。

ところが、店頭のもっとも目立つところに並んでいるはずの「今月の一品」が並んでいませんでした。しばらく見ていても、準備する気配もないのです。

これはどうしたものかと思い、担当の店舗運営部長に電話で聞いてみました。

「『今月の一品』の件だけど、ちゃんと現場に伝わっている?」

営業本部長は「ええ、やってます」と返事をしましたが、商品は現場に並んでいないのです。重ねて、「いま恵比寿店なんだけど、店に並んでいないよ。これで土日は大丈夫ですか」と聞くと、慌てた様子の店舗運営部長は、「すぐ確認します」と言います。

所用があった私は、いったん店を離れ、ひと仕事終えて再び恵比寿店をのぞいてみました。今度は店の前で店長たちが「今月の一品」を並べていました。このささいなやり取りがきっかけになったようで、翌土日、恵比寿店では「今月の一品」を売りまくり、全店でダントツ一位の成績を記録しました。そして月間の売上達成度が全店一位として表彰されました。私は、そのときのやり取りで店舗運営部長を叱責したわけでもないし、「すぐにやれ」と言ったわけでもありません。ちゃんとやってくれるだろうとは思っていましたが、気になったので確認しただけです。

経営者が打ち出した戦略がちゃんと行われているかは、現場を見れば明らかにわかります。組織として現場にどう戦略を伝えていくのかが問題であり、もし実行されていなかったら、現場で起こっている問題は組織の戦略とどこかがずれているのです。そのずれを見逃さず、すかさず見つけて一つひとつ改善していくしかありません。

経営者の戦略を現場の人たちが理解して行動することで、その気持ちがお客様に伝わり、満足していただく。その結果が数字となって表れていくのです。経営とは、そんな地道な作業の連続なのです。

2章

仕事を通して現場の人を成長させる

12 現場が決断できないことを経営者が決断する

現場の人が偉いといっても、最終的に意思決定をするのはやはり経営者です。現場の人は予算も人事権も持っていませんので、自分で決められることには限りがあります。独断専行でやって失敗すれば、その責任を取らなければなりません。すると、誰も決めたがらないし、やりたがりません。**意思決定するのは大変な勇気が必要だし、責任が取れない決定はできるはずがありません。経営者が決定しないのなら、誰も実行しないのです。**

経営者としては、積極的に創造性を発揮してもらって、現場にいろんなチャレンジをしてもらいたい。でも、必ずしもうまくいくとは限りません。というより、うまくいかないことのほうが多いものです。その責任をいちいち取らされていたら、現場は行動できなくなってしまうのも道理です。

経営者は、業績に責任を負っているわけであり、それを達成するためには、現場に行動をしてもらわなければなりません。そのためには、素早く意思決定して、どんどん新しいことに取り組んでもらわなければならないのです。現場が決断できずに困っていることを経営者がいち早く見つけ出して決めることが必要なのです。

ところが、責任を取るのは経営者だからというので、綿密な計画書を出させたり、失敗したときのリスク分散まで現場の人に考えろという人がいます。これがどれだけ酷な話かわかるでしょうか。

新しいことにチャレンジするときに、結果がどうなるなんて予測はできません。まして、現場の人はマーケティングチームも持っていませんし、他の部署の人や予算を動かす権限を持ち合わせていません。計画書をつくっているだけで骨が折れます。次第にそんな面倒なことは誰もやりたがらなくなります。

私がいつも社内で言っているのは、「困っていることはとにかく私に相談してください」ということです。どんな内容であれ、私が話を聞いた以上は、その責任はもう私が負うことになります。私が知らないところで、相談しないで自分で勝手にやって失敗したら、その責任は社員自身が取らなければなりません。かといって、社員が取れる責任には限界がありますから、結局は会社が責任を取らなければならないのです。だったら、困った問題になる前に、経営者が話を聞いておいたほうがいいのです。

ドラッグストアでチラシの改革をしたときのことです。ドラッグストアでは、トイレットペーパーやティッシュペーパーなどの定番商品を安売りしてチラシを撒き、集客して売り上げを上げるのが常套手段です。

目玉となる安売り商品は、一個売るたびに二〇〇円程度の損になるのが普通です。確かに売り上げは上がるのですが、結局は損した分をどこかで帳尻を合わせなければならず、安売りの一方で必要以上に高いものをお客様に売ることになります。これではお客様のためにならないことは現場の社員もわかっていました。

そこで私が率先し、目玉商品を安売りせずに商品のよさを説明するタイプのチラシを打ち出しました。発案は私でしたが、社員にもアイデアを出してもらい、実際にチラシを撒いたところ、結果はというと大失敗です。

普通、チラシを撒くと、普段の倍の売り上げになります。ところが、説明型のチラシにしたところ、多少の反応はあるのですが、売り上げは二～三割ぐらいしかアップしないのです。私はあきらめさせませんでした。

目玉商品でお客様を呼んでも、売れば売るほど損になるので、粗利が下がってしまう。

一方、価格訴求をしないことで売り上げはあまり上がらなくても、粗利は維持できることがわかりました。この方向性に間違いはありません。そこで商品を替えて価格の下げ幅を微調整していったところ、それほど価格を下げなくてもお客様の反応がいい商品と価格帯があることがわかってきたのです。

ここまでくるのに、コストも手間暇もかかります。仮に、ある店舗でチラシの改革に取り組み、結果、同じ解答にたどり着いたとしても、一店でそれまでの損を取りもどすのは至難の業です。現況のチラシでは効率が悪いことはわかっていても、現場の社員には手が打てなかったのです。**経営者が決定して、損を覚悟でやらせて、結果、解答にたどり着くことができれば、全社的にすぐさま応用でき、それまでの損をそっくり取りもどすことも可能になります。**

どう転んでも、経営者は会社で起こることの最終責任を負わなければなりません。であるならば、どんどん相談をしてもらって、「何が起ころうと責任を負います」と経営者が常に言っておくことで、現場の人が動きやすくなるのです。

13
六〇%の人を動かせれば、会社は大きく成長する

お金と手間暇をかけてマーケティングリサーチを行ったり、各部門のエキスパートを集めて経営戦略を練り上げているのですから、経営者が指示したことで決定的に間違っていることはあまりないはずです。

では、間違った指示は出していないはずなのに、なぜ成果につながらないのでしょうか。その答えは非常に明解です。現場が指示したとおり動いていないからです。

どんなに的確な指示を出しても、指示を出しただけでそれを理解し行動に移せる人は、全社員の二〇%ぐらいです。指示を出してそのとおりに実行してくれる人は、本当に少ないのです。大半の人は指示を聞いただけで何もしないか、一応はやってみるけれどもやる気がないので結果があまり出ないという人で、だいたい六〇%ぐらいです。

よく「2：6：2の法則」などと言われますが、本当にそうなのだと、経営者になって

私もしみじみ実感しています。

指示を出したら、各持ち場の社員が即座に実行し、現場にブレイクダウンしていってもらえたら、経営者としてこんなに楽なことはありません。残念ながら、やはりなかなかそう簡単にはいかないものです。そこで、直接会って話をして、こちらの情熱を伝え、相手の反応を見ながら「ちゃんとやってくれるね」と確認するといったことが必要になるのです。

指示を出してもそのとおりやれない人の六〇％は、普通の一般的な社員です。普通の人は指示をしてもなかなか行動に移しません。通達を出しても、ほとんど行動を変えません。これが普通の状態なのだという認識をまず持つことです。

経営者から見ると、できる社員に照準を合わせてしまいがちです。二〇％の人は、紙一枚の通達で指示を出しても、そのとおりにやってくれるわけですから、やってくれるのが当たり前だと思ってしまいます。「ちゃんと指示を実行して成果を出している社員がいるのだから、やらないのはその社員が悪い」と経営者が思うのは勝手ですが、そのままでは絶対に業績は上がりません。指示を出してもそのとおりに実行しないのが普通の状態なのですから、普通の人にどうやって行動を変えてもらうかを考えるのが本来の経営者の役割なのです。

まずはあらゆる機会をとらえて直接的に現場とコミュニケーションを図り、気持ちを伝えます。直接会って指示をすれば、本心ではやる気がないのに取り繕っているだけの「はい、わかりました」と、経営者の意思を感じ取ってやる気になっているときの「はい、わかりました」という返答は、目つき顔つきでだいたいわかります。

六〇%の普通の社員全員に直接できれば言うことはありませんが、普通は無理です。そこで、組織や仕組みをどのように工夫していくかということになります。

私の場合は、スーパーバイザーやエリアマネジャーといった、経営と現場を結ぶ役割を一貫して強化してきました。これは流通特有のやり方ではありますが、一般的な会社では店舗を各セクション、拠点に置き換えて考えればいいかもしれません。だいたい六店舗に一人の割合で担当のスーパーバイザーを配置します。その上で会議の方法を変え、毎週、スーパーバイザーに集まってもらい、私が直接具体的な指示を伝えます。スーパーバイザーに私の気持ちが伝われば、彼らが店を回って店長なりオーナーさんなりにその気持ちが伝わります。

同じ指示を、現場にはメールなどで事前に送ってあります。でも、普通の人はそれでは動かないのです。そこで、スーパーバイザーが各店に行って、現場が指示の内容に納得し、かつ、それが具体的な行動につながっているかを確認します。もし行動に移せない原因があるのなら、その問題を解消するお手伝いをして、それが全社共通の問題なら指示の内容を変えて、より実行しやすい方法にする。そうして現場の行動は変わっていくのです。

六〇%の普通の人たちは、経営者がちゃんと気持ちを伝えて納得すれば行動する人たちなのです。ですから、普通の社員が動けるための仕組みをつくり、経営の思いを伝えるためのコミュニケーションのあり方をどう変えていくのか、これは経営者の考えることです。

数字を飛躍的に伸ばすには、それが重要です。

通達を出しただけで行動してくれる二〇%の人は確かに優秀です。しかし、それだけの数では会社は大きくは変わらないのです。

会社を変えるには、大多数の六〇%の人を動かすことです。もし六〇%の人が動いてくれれば、優秀な二〇%と合わせて八〇%の人が行動することになります。そのとき初めて、会社は大きく変わっていくのです。

14

社員は仕事で成長する

教育とは、単に仕事の段取りや知識を教えることだけではありません。段取りや知識は一回教えれば済むことであり、重要なのはその先です。

「上司から『お客様にあいさつしなさい』と言われたからしました」

これでは、何の意味もありません。見ている間は教えられたとおりにやっても、数日もすればあいさつしなくなってしまうでしょう。

本部から通知を出しても、一回二回はやってみるけれども、それが続かない。そういう現場の実態が改善されない限り、教育の成果はまったくないのと同じです。

教育というからには、人材として成長させなくてはなりません。あいさつのやり方を教え、品出しの段取りを教えたところで人は成長しません。それは、作業にこなれていくだけです。

私が身につけてほしいのは、常にお客様の立場に立ってものを見る姿勢、お客様に満足していただくことに喜びを感じる感性、お客様に満足していただくことで自分を成長させていく意欲、前向きにチャレンジしていく精神です。そういう気持ちを社員に持ってもらいたいのですが、もちろん一朝一夕にはいきません。

これを「モラール」と私たちは表現しています。**モラールの高い人材は、マニュアルで教えられた作業を通り越し、お客様に喜ばれる方法を自分で率先して考え、実践し、結果を出します。**紙一枚の通達を出しただけでも、自分で工夫して課題を乗り越え、実績につなげていきます。

そういう人材は放っておいても全社員の中で二〇%ぐらいはいると言いましたが、もしこうした人材がさらに三〇%、四〇%と増えていけば、会社の業績は飛躍的に向上するのです。それこそ、教育の要諦と言えるでしょう。

それでは、いったいどうすれば人の気持ちは変わるのかといえば、その人の人生観にまで踏む込む必要があります。

その人がどういう気持ちで仕事に取り組んでいるのか、何を大切だと思っているのか、自分は将来何がしたいのか、そういった仕事に対する考えが前向きに変わらない限り、人

の気持ちや行動は変わりません。これは、その人のアイデンティティの問題であり、いくら上司や雇用主でも他人は踏み込めないと思って触れてこなかった部分です。しかし、そこまで踏み込まなければ教育ではないというのが、私の考えです。

「単に生活の糧を得るために自分は仕事をしているのだ」という人は、「決められた時間その場にいて、言われたことをやり、決まったことをやっていればいい、それで収入が得られればそれでいい」と思うでしょう。その根本の考え方を変えてもらわない限り、その人はいつまでたってもいい仕事はできないでしょう。

考えてみれば、人間は人生の大半は仕事にかかわっていくのです。毎日少なくとも八時間、場合によってはもっと多くの時間を、ただ生活の糧を得るためだけに費やすのだとしたら、その人にとっても不幸です。

どうせ仕事をするのなら、楽しみながら仕事をしたほうがいいに決まっています。いろいろなことに挑戦して、自分を成長させていくことは誰にとっても望ましい生き方のはずです。**お客様に喜んでもらうことが自分の満足になり、仕事を通して人間的に成長していくことが自分の喜びとなるのです**。

逆に言えば、ノウハウやテクニックを教え、とにかく作業として仕事をこなすことを覚えさせ、人間的な成長など求めず、決まったことをやればいいというのであれば、その人の人間性や可能性を無視していることにならないでしょうか。そういう指導をされていれば、率先して動く気になるはずがありません。そこで、評価制度を厳しくしたり、指導を強化して尻を叩く、あるいは、「これをやったらいくら」と報酬で煽ることになります。

これでは指導しているほうも骨が折れますし、やらされているほうもまったく楽しくはありません。むしろ、双方にとって苦痛です。

一生懸命仕事をすることは楽しいことだと気づき、お客様に満足していただくことを自分の喜びだと思えるようになり、それによって自分も成長していくのだという目標を持つことができる。そういう人生観にたどりつくことは、必ずその人のためになります。少なくとも、生活のためだけに無為な労働をさせるよりも、ずっと人間的です。

人生観にまで踏み込むためには、きれいごとは通用しません。「なんとかその気にさせよう」などとこちらが下心をもてば、人生観を変えるようなことはできません。

人の心の琴線には、本心からその人のことを思わなくては触れられません。だから**上司や経営者は、もっと熱意を持って、心を開いて、腹を割って、お互いに一対一の人間として向き合って、真剣に一人ひとりのことを考えなければならない**のです。

15

社員に勝ちグセをつけて成長させる

努力した結果、いままでできなかったことができた、あるいは、自分で工夫して仕事を改善したらお客様からすごく感謝された。そういう励みになるような成果を生むことで、「もっとがんばろう」というモチベーションにつながり、「自分もやればできる」「努力はやはり大切なんだ」、という意識につながるのです。

売り上げを上げるためのちょっとしたコツを教えてやらせてみる、あるいは、お客様に喜んでもらえる気の利かせ方といったことを教えてやらせてみることが重要です。最初から、難易度の高いことをやらせたり、あるいは、結果がすぐには見えにくいことをやらせるのではなく、自分の経験上、「これをやればすぐに結果が出る」ということを、一通りやらせてみる。要するに「勝ちグセをつける」ことです。

上司や経営者が率先して、経験上、成功の確率が高いものをどんどんやらせると、「こ

うやったらうまくいくんだな」という勝ちグセがつき、「もっとやってみよう」と思うものです。それが、モラールが上がっていくということです。

あいさつ一つとっても、全店の全スタッフが気持ちよく「いらっしゃいませ」とあいさつしている店舗は、同業者を見渡してみても本当に数えるほどです。マニュアルに書いてあるから、仕方なく言っているだけで、おざなりなあいさつです。もちろん、成城石井も徹底しているわけではありません。世の中には、入り口で「いらっしゃいませ」という音声をテープで流している店もあります。

本来のあいさつは、お客様に来ていただいてうれしいという気持ちを「お客様、いらっしゃいませ！」という言葉に込めるものです。お客様に喜んでもらおうと思って、本当にうれしいという気持ちで、「いらっしゃいませ！」「ありがとうございます！」と言えている小売業は、本当に少ないものです。それができれば、最高の差別化になります。

成城石井の新浦安店を見に行ったら、あいさつがよくないことに気づきました。担当者に確認したら、セオリーどおりのことはちゃんとやっています。でも、徹底できていません。お客様が店に入ってきたら、スタッフ全員が元気よく「いらっしゃいませ」とあいさつし、通路でお客様とすれちがうたびにまたあいさつするのがセオリーです。

やり方は何度も教えていますし、毎朝のミーティングでも全スタッフに言っています。それでも、あいさつするときとしないときがあったり、全員が言っていなかったりという状態でしたので、本部が入って改善に乗り出し、店長とあいさつ担当者（各店で一人任命）の二人に、あいさつのいい大井町店を見学させることにしました。

専門の調査会社に依頼すると、ラウンダー（覆面調査員）が店を回って点数をつけてくれるのですが、大井町店は二〇点満点で毎回一六～一七点という高得点を出します。これに対して新浦安店は二カ月連続で五点しかとれませんでした。大井町店では、お客様のご来店のときや、すれ違ったときに全員で元気よく「いらっしゃいませ」と言っているのはもちろん、お客様とすれ違わなくても「いらっしゃいませ」と言います。それは、「ここにスタッフがいます。どうぞお声がけください」というアピールなのです。

もっと極端な場合、お客様がご来店されなくても、店の前を通った人に「いらっしゃいませ」と元気よくあいさつをしています。それは店の活気をとてもよく演出し、実際に、来店する気はなかったのに、ついつられて店に入るお客様も多くなるのです。簡単に見えて、なかなかここまで徹底できません。あいさつの徹底がどれだけ大変なことか理解している店長とあいさつ担当者にとって、この体験はとてもショックだったようです。

「あいさつするってこういうことなんですね。いままで一応やっているつもりになっていました。ぜんぜんだめだったことがやっとわかりました」

紅潮した顔で言う姿を見て、私も「これは大丈夫」と思いました。

果たして二人は、自分たちの店に帰ると、いま見てきた大井町店の情景をスタッフに対して熱心に語り、「絶対にやろう」と誓い合ったのです。その結果、翌月の調査では、あいさつの評価が一六点に跳ね上がったのです。

人間にとってもっとも楽しいことは、「自分が成長すること」です。努力して一生懸命やれば、人間は成長します。機械はどんなに長期間動かしても、同じ能力しか発揮しませんし、成長しません。でも人間は、失敗したり成功したりという経験の中から成長していくことができるのです。

無理を強いて、尻を叩いて、長時間働かせても、それが楽しいと感じる人はいないし、苦しければどこかで手を抜こうとするのも、人間です。その逆に、成長することの喜びを教えてあげれば、自分たちで率先していろいろなことに取り組めるように、がらりと変わるのです。成長することを楽しみに感じるような、雰囲気、環境、これをつくっていくことがマネジメントの大きな目標です。

16
モラールが上がると、売り上げは二〇%上がる

小売業のとても面白いところは、売り場の人が前向きになってくると、店が自然と活気にあふれ、特別なことはしなくてもそれだけで売り上げが上がることです。

モラールが上がるということは、お客様に満足してもらうにはどうしたらいいかを現場の人たちが真剣に考え始め、具体的な行動を始めるということです。従って、現場では積極的にいろいろな手が打たれ、細かい工夫が随所で行われ、いままでの定例の作業も気持ちを込めてやるようになったということです。

商品が変わったわけでも人間が変わったわけでもなく、目に見えるような大きな変化があるわけではないのに、売り上げはぐんぐん上がっていき、一〇~二〇%はすぐに変わります。

当然、その逆もあります。いままでどおりがんばっているし、特別何かマイナス要因が

あるわけではない。それでも、何かの原因で現場のモラールが下がってしまうと、途端に業績に影響します。それは、私生活のトラブルかもしれないし、何か嫌なことがあって落ち込んでしまったのかもしれません。そんなことでモラールが下がると、ハッキリと売り上げに影響してしまうのです。

これには理由があって、現代のお客様は、必要だから、欲しいから商品を買っているのではないということなのです。どういうことかというと、お客様はすでに必要なものはすべて買って持っています。

生きていくために最低限必要な消耗品以外は買わなくても何も困りません。最低限必要な消耗品も、別に一つの店で買う必要はありません。現代では、自宅から数百メートルの範囲内に数軒のコンビニがあるのが当たり前です。どこで買っても品物は同じ、値段もほとんど変わらない、サービスも似たりよったりです。それでも、お客様に満足していただくと、生活には本来必要のないものを買っていただくことができます。どこの店にもある商品で、同じ価格でも、「同じ買うならこの店」と決めているのです。

では、お客様はどの店で何を買うかをどうやって決めているのかというと、実にその店の人たちの気持ちに反応して買っているのです。

店の人たちが、「お客様に来ていただいてうれしい、満足していただきたい、うちの店へ来てよかったと思ってほしい」という気持ちで接するだけで、具体的に何かが変わっているわけではないのに、入った瞬間に違いがわかります。雰囲気が明らかに違うのです。それはお客様にもハッキリと伝わります。

お客様は気持ちよく買い物ができる店で買い物がしたいのです。気持ちよく買い物しているときは、本当は必要ないけれど目に付いた商品を何気なく手にとってしまうものです。従って、現場の人たちの気持ちはてきめんに業績へと影響します。

成城石井の東京ドーム店で、「一〇%キャッシュバックキャンペーン」を展開したとき、現場の人たちが工夫して売り込み商品を明確にして売り込んだら飛躍的に売り上げを上げて、当社の基幹店である成城店を抜くという快挙を成し遂げました。成城店とは、成城石井の発祥地であり、もっとも古くて売り場面積も小さいのですが、売り上げは圧倒的で、ライバル店が近くに何度も出店してきたのをそのたびに撃退し、自社のチェーンの中でもこれまで売り上げを抜いたケースは皆無というものすごい店なのです。

瞬間的とはいえその店の売り上げを抜いたわけですから、東京ドーム店の士気はいっぺんに上がりました。それまでも徐々にモラールが上がってきたのでキャンペーンも成功したわけですが、このとき以来、好調を維持しています。

店を改装したわけでも、商品を入れ替えたわけでもないのです。ただ「やるぞ」と気勢を上げただけで、このように劇的に変わってしまうものなのです。

毎日モラールを維持するのはさすがに難しいので、このように、「ここぞ」というときに、期間限定でがんばるのが、コツです。実績を出せばモラールが上がります。

給料を上げるよりなにより、売り上げを上げるとモラールは劇的に上がるので、最初は無理やりにでも引っ張っていっても、実績が上がればがぜんやる気になります。そうしたら、本部で何もしなくても自分たちでどんどん工夫していくようになるものなのです。

モラールが向上することで、手の打ち方が変わってくる、あるいは、いままで行動しなかったのが行動するようになるといったように、具体的に何かが変わっていきます。でも、具体的な行動の変化そのものより、気持ちの問題が実はとても大事なのです。

17 カリスマ販売員を育てる方法

お客様に商品を売り込むときにもっとも効果が高いのが、「接客」です。そのポイントは「信頼関係」のひと言に尽きます。

いかにもマニュアルに書いてあるような売り文句を並べても、お客様の心は動きません。「お客様は気持ちに反応する」のです。接客している人が、その商品を心からよい商品だと思っているか、または本心からお勧めしたいと思っていれば、その気持ちに敏感に反応するのです。マニュアルを覚えてすらすらしゃべれるようになったからといって商品が売れるものではなく、逆に、朴訥《ぼくとつ》で正直な人柄がにじみでるような人のほうが、売り上げも高いのです。

売り場に販売員が立っていれば、お客様は「何か売り込まれるのではないか」と身構えてしまいます。案の定、「よろしければ、お試しになりませんか」なんてつくり笑顔で勧められても買う気になりません。度が過ぎると、「あそこの店に行くとしつこく勧められる」というマイナス評価になってしまいます。

当たり前ですが、「売らんかな」の姿勢ではお客様は反応しません。**本心からお客様のためを思ってお勧めすることが大事であり、そういう気持ちで接客すると、「あなたの言うことなら信じる」と言って、個人の販売員にお客様がついてくる**のです。

ドラッグストアでＰＢの化粧品を開発したときのことです。ＰＢですから、お客様にはまったく認知されていないブランドです。テレビＣＭなどしたこともなく、価格は化粧水一本五〇〇〇円と、結構な値段です。ただ、差別化された素晴らしい商品でしたから、品質には絶対の自信を持っていました。大手ブランドで発売している同レベルの品質の商品なら、二万円で売っています。それを五〇〇〇円で売っているのですから、お客様に知ってもらえれば絶対に支持していただけるはずという自信がありました。

お客様に商品を知っていただくために、現場の人をビューティーアドバイザーとして育成して、接客力の強化を図ったのです。商品開発と並行して、商品知識、皮膚の知識も教えて、時間をかけてじっくり教育し、満を持して売り場に配置しました。ところが、ある人は実際に現場で接客させてみたら、一生懸命説明してもまったく売れなかったのです。

私たちは対策に乗り出し、まず実際の現場を見て回りました。ビューティーアドバイザーは教えられたとおり一生懸命に接客をしています。でも何かが足りない。そのときにふと思いついて、ビューティーアドバイザーたちを集めて聞いてみました。

「みなさんは、この商品を自分で使っていますか？」

「………」

自分は使っていなかったのです。原因は、これでした。

「自分で使っていない、よさがわかっていなければ、『これはいい商品です』と言っても、お客様に信じてもらえるはずはありません。まずはあなたがたが実際に使ってみてください」

その日はそれだけ言って終わりました。「どのようにお勧めすればいいか」といったテクニック的なことは何も言っていません。

果たしてその後、嘘みたいなことが起こりました。ビューティーアドバイザー自身が商品を試してみて、「これはよい」と気づいた途端、商品が突如、売れ出したのです。

後でビューティーアドバイザーに聞いたら、喜々としてこう話してくれました。

「自分で使ってみたら、とてもよかったので、お客様に『私も使ったんですけど、すごくいいですよ』ってたった一言いっただけで、商品説明などしなくても売れたんです」

これが、接客の大事なポイントです。**お客様のためを思ってお勧めしているときと、そうでないときは、販売員の目つきや表情が違います**。お客様はいちいちそんなことを分析しているわけではありませんが、おそらくその違いを肌で感じているはずです。

よく「差別化」といいますが、何もお金をかけて内装を変えたり、商品を入れ替えたりするのが差別化ではありません。**お客様が感じる違いは、目で見てわかる明らかな違いではなく、「なんとなく好き」「なんとなく嫌い」という感覚です**。

それを統計的に分析すれば、「掃除が行き届いている」「あいさつがしっかりできている」「品切れがない」ということになっていきますが、理屈よりなにより現場の人たちが、本心からお客様のためを思っているかどうかが、業績にもとても大きく影響するのです。

成績のいい凄腕ビューティーアドバイザーと話してみると、**特別に商品知識が豊富であるとか、説得がうまいとかいうことではなく、話しているだけでなんとなく心地がいいし、好感が持てるのです**。そういう人から「これはいいですよ」と商品を勧められると、悪い気はしません。

「同じ商品を買うならこの人から買いたい」と思わせる力があるのです。こういう雰囲気が店舗全体に行き渡ると、他には絶対に真似のできない、差別化された店舗になるのです。

18

ダメだとわかったとき、失敗したことが大きな成果になる

私はイトーヨーカ堂時代、二年ほど現場で売り場主任を経験しました。ある日突然、現場に放り出され、「自分で考えて売れ」と言われて新任の私に誰も手取り足取り教えてくれませんでした。でも、そのおかげで自分で企画を発想してチャレンジしていくことの面白さ、結果的に成功したときの喜びを知ることができました。

いまでも忘れられない思い出になっているのが、スリッパの特売をしたときです。近所のホームセンターをたまたまのぞいたら、スリッパの特売をしていて、お客様がわれ先にと買っていきました。この光景を目の当たりにして、「うちの店でも売れるはずだ」と思い立った私は、どんなスリッパが売れるかリサーチして、仕入れの交渉もやり、コーナーをつくって売り出しました。その結果、飛ぶようにスリッパが売れたのです。

「自分が一生懸命に考えたことがお客様に喜んでもらえるって、なんて楽しいんだろう」

いま振り返ると、このときが私が商売の面白さに目覚めた瞬間でした。

それ以来、私は前にもまして積極的になり、思いついた手を次々に試していきました。どうやったら売れるか、どうしたらお客様に喜んでもらえるか。あれこれ考えて、自分で工夫して売り場をつくっていくのが楽しくてしょうがなかったのです。

陶器市の企画を立てたこともあります。それまでもイトーヨーカ堂で陶器市はやっていましたが、慣例化していて面白みがありません。売り場を大胆に拡大して、売れ筋商品に特化する戦略を立てました。自分で商品を仕入れて、自分で売り場もつくったところ、一日で一〇〇万円の売り上げを記録しました。これは、当時のイトーヨーカ堂で陶器市の売り上げ新記録でした。

なかにはうまくいかなかったこともありましたが、そんなことは気になりませんでした。私はとりつかれたように、毎日売り場をつくる方法ばかり考えていました。

次に何が売れるかわからない、どのような手を打てばいいのかが事前に予測できない時代になったので、思いついたアイデアをさっさと実行するべきです。それは、単に売り上げが上がるというだけではなく、現場の人たちが活気づき、売り場もにぎわうことで、結果的にお客様にも喜ばれることにつながります。

このときに大事なことは、現場に対して「失敗してもいい」という許可を与えることです。結果がどうなるかもわからないような思いつきの手を現場で実行するわけですから、失敗も多くなります。むしろ、失敗することのほうが多いと言っても過言ではありません。つまり、失敗が多いことを前提として、思いつきの手を打たなければならないのです。

失敗は実行したから初めてわかることであって、やらなければわからなかったことなのです。少なくとも、「うまくいくかどうかわからない」という時点から考えればすごい前進です。そして、結果的に失敗した手は「やってはいけない」こととして社内で情報共有されます。

失敗したことを、怒ってはいけません。「どうやって責任を取るんだ」などとなじるのは論外です。「今度はうまくやれよ」とプレッシャーをかけてもいけません。そんなことを言われたら、やらなくなるだけです。逆に、**失敗しても逆に褒めるぐらいでなければなりません。**

私は実際に**失敗も評価しています。仮にことごとく失敗ばかりしている人でも、チャレンジをしているというだけで高い評価をしています。**

何にもやらない人は、直接の損失は出していなくても、「やらない」という失敗をずっと繰り返しているのです。「何もやらない」でいれば、いずれ実績は下がってきます。結果的には損失を出す体質をつくってしまっているのです。だから、何もしない人は評価しませんし怒ります。

もっとも、失敗ばかりということも実際にはないものです。次々に新しいことにチャレンジしていく人は、次第に精度が上がってきて、成功することが多くなります。

「どんどんやって、どんどん失敗しなさい」と経営者や上司は現場に言わなければなりません。「うまくいくかどうかわからないけど、私はこれをやってみたい」という現場の思いを受け止めていくと、職場に熱気が出てきます。それは、一つの活気です。そういう空気が会社を成長させるうえではとても大事なのです。

19

適材適所を貫けば少数精鋭になる

人間の作業効率は全員一律ではありませんから、質の高い作業を短時間でこなしてしまう人と、時間がかかるうえになかなか効率が上がらない人に分かれてしまいます。

たとえば、AさんとBさんの二人のパートさんがいて、Aさんは仕事が速くて正確なので、時給が一〇〇〇円だとします。Bさんはあまり優秀ではないので時給が八〇〇円です。極端な話ですが、その二人が一日四時間ずつ働くよりも、Bさんに辞めてもらって、その分Aさんに八時間働いてもらうほうが効率は格段に上がります。人件費の高いAさんの勤務時間を増やせば費用は余計にかかるのですが、それを上回る成果は期待できます。

人による作業の質の差は、二倍、三倍といった程度ではありません。よく売る人は一日一〇〇個売るとしたら、優秀ではない人は同じ時間働いても一〇個しか売れないことはザラにあります。優劣の差はそれぐらい極端に出てくるものです。

一〇個しか売らない人でも、いてもらえばプラスにはなりますから、決して損するわけではありません。それよりも、一〇個しか売れない人の人件費分を一〇〇個売る人に上乗せして、時給を倍にして働いてもらったほうがはるかに効率は上がるということです。

現場でやるべき作業を分類したときに、もっとも重要な業務、もっとも成果の上がる業務をもっとも優秀な人にやってもらいます。次に重要な業務を、二番目に優秀な人にやってもらいます

つまり、より重要度の高い仕事からより優秀な人に優先的にやってもらうのです。そうすると、後になればなるほど、あまり効果のない作業にあまり優秀ではない人を張り付けていくことになります。

結果として、あまり成果の上がらない作業をやらされていると、本人もつまらなくなって辞めてしまうことが多くなります。そのときは人員は補充しないでおきます。

そもそも、あまり成果の上がらない、重要ではない作業をしてもらっているのですから、その人がいなくなれば、その作業もやらなくてもいいことになります。こうして、少数精鋭を実現することで、無駄がなくて強い組織となっていくのです。

これは不公平なことでしょうか。

より多くの価値を生み出した人に価値が集中するようにし、優秀な人が勝ち上がる仕組みでなければ、逆に不公平感が増すでしょう。その結果として差がつくのはやむを得ないことです。

私の考えは、「能力のない者は辞めていい」といった血も涙もない実力主義とは違います。人には成長するチャンスが必ずあるし、本当にだめな人などこの世にいるわけがありません。

ドラッグストアのビューティーアドバイザーで、化粧品を一人で毎月三〇〇万円も売る凄腕の女性がいました。彼女を店長会の席に招いて話をしてもらったところ、感極まって涙を流し始めました。

「私はいままで本当にだめでした。何をやってもうまく行かないし、仕事が苦痛でたまらなかった。だけど、この会社に入って、化粧品の販売をがんばって、そうしたらこんなに売れて、お客様からも喜ばれ、皆さんからも祝福していただいて本当にうれしいです」

彼女はそれまで、決して優秀な社員ではありませんでした。ビューティーアドバイザーに選ばれたことがきっかけで、いったいどういう変化が起こったのでしょうか、本人も驚くほどの優秀な成績を上げるようになりました。

成長していく意欲がある限り、人は必ず成長します。経営者の仕事は、そうした場を提供し、熱意を持って育成し、努力を正当に評価する仕組みをつくることです。

その気がない人が、会社を去っていくのは必然ですから、引き止める必要はありません。それは、その人が能力のない人だったからではなく、会社にその人の活躍する場がなかったのだと理解するべきです。

それが、本当の適材適所です。

3章

重要なことに絞り込んですぐやる

20

「やったほうがいい」ことはやってはいけない

会社においてもっとも偉いのはお客様で、会社の中ではお客様のもっとも近くにいる現場の人が偉いのだという話をしました。これは、きれいごとではなく厳然とした事実です。では、現場が偉いのだから、現場の言うことだけを聞いていたら会社が発展成長していくかというと、そうではないのです。

お客様の言うこと、現場の言うことは、基本的に正しいことで、別に間違っているわけではありません。正しいけれどもいっぺんにはできないので優先順位をつける必要があり、そのためには大局的な情勢判断が必要です。

会社には、「これだけやれば劇的に変わる」という戦略的に本当に重要なキーポイントがあります。それは得てしてわずか数項目に限られます。だから、本当は優先上位の数項目だけに絞ってほしいのですが、現場にはなかなかその判断ができません。

商品分析でABC分析というのがあります。これは後述しますが、商品だけではなく会社の仕事にも当てはまる一種の法則です。やるべき仕事を重要なものから一〇〇並べ、上から三三項目までをやれば、七五％の成果は得られるはずです。

余力があれば、三分の二までやってもいいけれど、最後の三分の一は同じ時間と労力をかけても五％の成果しか上がらないことが多いので、ものすごく効率が落ちます。放っておいても情勢にはほとんど影響はないことなので、やってもやらなくてもあまり変わりません。

私が社員によく言うのは、「どちらかといえば『やったほうがいいこと』は、『やらなくていいこと』だ」です。もっと言うと、「どちらかといえば『やったほうがいいこと』は『やってはいけないこと』」なのです。**社員がやったほうがいいことをやってしまうと、本当に重要なことをやる時間がなくなってしまう**のです。

それでも、「やったほうがいいか、やらないほうがいいか」と言われれば、やったほうがいいのです。だけど、それを認めてしまうと、現場は得てして優先順位の下位のことをやりたがるのです。

ここで言う「やったほうがいいこと」とは、営業中にお客様が手に取ってちらかってしまった売り場をきちんと整理することや、あまり売れていない商品を陳列することです。「やらなくてはいけないこと」は、売れている商品を品切れなく補充することやあいさつをすることです。

優先順位上位項目の仕事は、難題です。時間も手間もかかるし、大変なことなのです。これに対して、優先順位下位の項目の仕事は、いままでやってきた仕事、やりやすい仕事が多いのが普通です。「できることからやってください」と言ってしまうと、人間はいままでやってきて慣れている仕事、やりやすい仕事をしたがりますから、簡単にできる優先順位下位の項目にみんな集中してしまうのです。

困ったことに、そうなると、上司も注意できません。現場の人たちは「やったほうがいいこと」をやっているのです。ちゃんと成果の出る仕事をしているのですから叱られる道理はありません。

でも、優先順位下位のやったほうがいいことをやっているだけで時間がなくなってしまい、もっとも大変で重要な上位の項目が残ってしまうのです。結果として、一生懸命がんばっている割にはあんまり成果が上がらなくなります。

本来、**仕事というものは、優先順位上位の項目だけに集中すればいいもの**です。そうすれば、残業や休日出勤をしなくても、確実な成果が上がるのです。

問題は、優先順位は低いけれど、やらなければならないことがいっぱいあるから、本人がそれを選別できないことです。ですから、経営者が「それはやらなくていい。ここに集中しなさい」という戦略を立て、指示を出すことが重要になってくるのです。

このとき「優先順位はこれが上だよ」と答えを教えるのではなくて、その人に考えさせることも大切です。成城石井の場合は、基本の徹底、商品開発力の強化、販売力の強化の順ですが、経営者が会社の経営戦略を伝えて、社員自らこの会社は何を重要と考えているのかを理解することで、仕事の効率は格段に違ってきます。

21 仕事は優先順位上位一〇%に集中する

やらなければならない仕事に優先順位をつけて、優先順位上位の三分の一の項目に集中するように経営戦略を立てれば、かなりの実績が上がるはずです。実際にはやらなければならない仕事の三分の一でもまだ多いので、さらに絞り込みます。

ＡＢＣ分析で言うと、売り上げ順位上位三分の一の商品で、総売り上げの七五%を占めているわけですが、さらに、その上位三分の一をＡＢＣ分析することができます。つまり、全商品の売り上げ上位三分の一の中のさらに三分の一のSランク商品がやはりAランク商品の中でも七五%の売り上げ構成になるのです。これを全体に占める構成比に直すと、上位一〇種の商品で総売り上げの約五〇%を占めていることがわかります。

これもやはり仕事の成果に当てはめてみることができます。つまり、**一〇〇の仕事があったら、重要な上位一〇だけに絞れば、全部やったときと比較して、半分の成果が上がり**

ます。

仮に、一〇〇の仕事を全部やったときに、実績が倍になるとします。優先順位上位の一〇の仕事に絞れば五〇％増になるのです。効率がよくてしかも爆発的な実績につながります。経営者としては全社員にこれをやってほしいのです。別に残業などしてほしくありません。休日出勤もしなくていいのです。身体を壊すまで働いてほしいとは思いません。優先順をつけて、上位の仕事だけをやってほしいのです。

ところが、だいたいの社員は優先順位下位の、やってもあまり成果の上がらない仕事をやりたがります。そして案の定、成果があまりぱっとしないので、残業して、休日出勤をして、それでも結局一〇〇全部はどうしてもできないので、優先順位上位の仕事は手つかずで残ってしまうのです。

優先順位下位の仕事ばかりやってしまうと、三〇の仕事をこなしても成果はわずか五％増です。これではあまりにも非効率なのは明白なのに、得てして現場の人はこれをやってしまうのです。だから私は社員に対して常々、「重要な仕事に集中しなさい」「仕事に優先順位をつけなさい」「優先順位の上のものから順番にやりなさい」と、口がすっぱくなるぐらい言います。

経営者のレベルでも、現場のレベルでも、これは同じです。優先順位上位の一〇%の仕事だけに集中したら、すごい成果になるのです。それが、現場ではなかなか思いきれないのです。優先順位は低いことかもしれないけれど、やらなければならないことが目の前にあるからです。だからこそ、上司や経営者が、見極めてあげて、指示をしてあげなければならないのです。

いま成城石井で言えば、重点課題は「あいさつの徹底」「商品開発力の強化」「販売力の強化」の三つです。欲を言えば、さらに店舗オペレーションの改革もしたいところですが、あんまり一度にたくさん言ってもできないので、より重要な項目に絞り込むわけです。

もしこの上位三つができれば、とても大きな成果になるはずです。たとえば、「販売力の強化」で言うと、自家製のチーズケーキをはじめとして、一二八点の特選品の展開をしています。これは、品質がよくて価格が高く、粗利益が大きくとれる商品で、なおかつ他社では売っていない差別化された商品です。粗利率で言うと、だいたい四〇~六〇%にはなるので、この商品が売れれば会社の業績は飛躍的に向上します。

ただし、値段も高く、誰も知らないブランドなので、売り込むのは簡単ではありません。各店舗で推奨品として並べて、ディスプレイを整え、販売員を置いて説明させるといった展開をこの半年間で何度も繰り返しました。

お客様は高くても価値のある商品は手に取ってくれるので、積極的に試食してもらいアピールしていきました。その結果、徐々にですが売り上げが伸びて、最初は売上構成比で六～七％だったのが、三カ月くらいたった時点で倍くらいになってきています。これで全体の粗利率は一ポイントは上がります。

たった一ポイントと思うかもしれませんが、粗利率はわずか一ポイント上がっただけで、経常利益を倍にするほどの大きなインパクトがあるのです。成城石井ではこの半年間でさまざまな改革をした結果、半期での経常利益は対前期比で約三倍の見通しになっています。

成果の上がるものに集中するだけで、同じ時間、同じ労力を使っても大きな差が出てきます。仕事とは成果を上げるために行うものですから、成果が上がらない仕事に意味はありません。もっとも成果の大きいことに集中すべきなのです。

22 とにかくすぐにやる

ビジネスでは問題を放っておいて、状況が好転することはほとんどあり得ません。時間が過ぎるほど状況は悪化していくばかりです。いままでと同じ仕事を続けていたら、相対的に世の中の動きから取り残され、業績は悪くなるばかりです。とにかく手を打たなくてはいけない、変えなければならない、いままでやっていない新しいことをしなければならないのです。

いままでやっていないこと、新しいことにチャレンジしていかなければならないのですから、結果がどうなるかわかりません。言ってしまえば、先のことなど誰にもわからないのです。時間が過ぎれば状況は悪くなるばかりなら、わからなくてもその場ですぐに決めるしかないのです。

極端に言うと、**サイコロを振ってでもいいから、その場で決める**べきです。なぜなら、決めることによって結果が出ます。結果が出ることによって、次の行動を選択することができるのです。結果がよければ、もっと大きくやる。結果が悪かったらすぐにやめて、別の手を考えます。

どうせ結果はわからないのですから、やってみて結果を一度出してみる。それによって次の行動が出ます。最初の一歩より、この次の行動が実は大事なのです。

決断できないまま、新しいことにチャレンジできないままでは、みすみすチャンスを逃してしまいます。もちろん、失敗して撤退することになっても、リスクが少なくて済むようにケアしておく必要はあります。

私は、内心では「間違っているかもしれない」と思う決断でも実行することがよくあります。だから、間違うことも実際に多いです。でも、間違っていることが確認できただけで収穫です。「サイコロ振ってでも」という言い方も実際、社員にしています。半分は冗談ですが、半分は本気です。それぐらい、考えているよりその場で決めて行動に移すことが重要なのです。

しかしながら、**決断して実行することですぐに成果が見えることと、根本的な問題として長期的に成果を見込むものがあることの二つはより分けて考える**必要があります。

すぐに成果が見込める手は即決断し、即実行させることにつきます。やればすぐに結果が出るわけですから、躊躇する必要はありません。現場の社員が決められないときは、経営者が決めて、すぐに実行させます。その結果を見て、次の手を決めて、また実行させる。この繰り返しによって、結果が飛躍的に向上していきます。

これに対してもう一つの長期的な課題は、扱いが慎重になります。というのも、将来的にやらなければならないことというのは、現場の社員はあまりやりたがらないことなので、経営者が決断を下しても、現場はなかなか取り組みません。すぐに実行することで成果が上がる手が一方であるわけですから、社員としてはすぐに結果が出る仕事をしたいわけです。仮に「この部署の長期的な課題はこれです」と指示しても、部署ごとの会議では「長期的なところを含めて、対応策を考えていきましょう」と先送りされがちです。

ですから、いますぐ打てる手は「すぐにやってください」と取り掛かってもらいます。残った「長期的な課題」は、経営者の責任において実行者を決めて、長期戦略で対策を打ちます。経営者の責任においてやることを明確にし、評価方法を考えたうえで実施するのです。

ただし、長期的に成果が上がる手について、「これは長期だからじっくり構えてやろう」

ということではありません。矛盾するようですが、長期的に成果が出る手をいますぐ打つことが重要です。

なぜなら、**長期的に成果を望む手は効果が出るのに時間がかかるからです。従って、それを早くやれば、その分だけ早く成果が上がる**のです。長期的に成果を望む手だからといって、成果を出すのはずっと先でいいわけではありません。それは物理的に長期間の取り組みが必要だというだけで、成果が早く上がるならそれに越したことはないのです。

すぐに成果が上がる手も、長期的に成果が上がる手も、ともに早く決めて、早く実行することが大事なのです。

23 たった三つの基本を徹底する

優先順位の高い重要項目とは何かというと、もっとも基本的なことです。小売業の場合で言えば、基本は**「あいさつ」「クリンリネス」「品切れ防止」**です。基本ですから、完璧にできていなければなりません。

誰もが重要だとわかっていて、実践できていれば効果も大きい事柄です。ところが、実際はその基本さえ徹底できていない小売業がほとんどです。基本的なことでさえできていないのは、経営者の指示が実行されていないということです。基本ができないのですから、どんな指示を出しても、何をやっても無意味です。ですから、基本的なことがちゃんとできることが、何をおいても重要なことなのです。

基本的な仕事は難易度の高い作業ではありませんから、誰でもちょっと指導すればできるようになります。ただやればいいだけのことばかりです。でも、得てして、基本的なことを徹底するのは、かなり難しいことでもあるのです。

たとえば、店長が現場の人に「あいさつを徹底してください」と指示し、目の前で様子を見ているとします。店長が見ている間は指示どおり実行するはずです。しかし、店長がいなくてもずっと毎日継続できるかというと、なかなかそうはならないのです。

首根っこを押さえつけてあいさつを強制しても、三六五日二四時間、パート・アルバイトにまであいさつを徹底することはできません。根本的なところから直していく必要があります。仕事に対する満足感、店長への信頼感、仲間との一体感。こうしたものが改善されて、初めてあいさつが徹底されるようになるのです。

会社でも、自社のかかえている問題点、克服すべき課題について正確に分析をしています。誰でも聞けば、「うちの会社には、こういう問題があるんだ」と言うはずです。でも、そうした**課題が見えているのに、実は、長年解決されないまま放置されていることが多いため、それでは実績が上がるはずはありません**。

私自身、基本の徹底をいつも最重要課題としています。企業再生を請け負うときも、最初に手がけるのは必ずといっていいほど「あいさつの徹底」です。基本の徹底ができる組織をつくることが、会社にとって基本です。経営者の指示が現場で実行されなければ、何も始まりません。基本的で重要なことというのは、しばらく放っておくと必ずまたやらなくなるという特性があります。これは、気の緩みです。経営者としてはこうした現場の緩みを絶対に見逃してはいけないのです。

成城石井では、たとえば「品切れをなくせ」という指示を出したら、毎日全店に報告させて毎週の会議で発表します。「○○店はどれだけの品切れがあったか」「この店はだんだん減ってきている」といったことを確認し、対策を考えて手を打ち、その結果をまた翌週発表することの繰り返しです。そういった当たり前の、単調なことを徹底して続ける、徹底して言い続けることがすごく大事です。

逆説的ですが、基本的なことというのは重要でありながら、ちょっと手を抜いたぐらいでは実績は変わらないものです。あいさつでも、毎日何度も何度もあきるほどしなければならないのは苦痛です。でも、それがなければ、お客様に好意を持ってもらえません。徹底してやり続ける、言い続けることが重要です。

基本の徹底は、当たり前のことを当たり前にやるしかありません。経営には魔法の杖はないのです。成城石井でも、ラウンダーが店を回ってチェックし、評価点をつけて報告させて、点数が悪いときにはやり方を工夫するという当たり前のことしかしていません。正直言って、いまだに基本的なことが徹底できているわけではありません。

つい先日、名古屋に出張したついでに名古屋駅店に立ち寄ったら品切れが多いことに気づきました。後日、担当のエリアマネジャーに、「どうなっているの？」と聞くと、「指示どおりにやっているんですが」という返事です。そこで、「品切れになったら近くの店に取りに行くように」と指示を出したところ、品切れがずいぶん減ってきたのです。品切れを起こしたら、となりの店まで取りにいかせるようになって、品切れがいかに大変なことなのかを理解したわけです。こういう地道な努力が必要なのです。

同業者であれば、ほとんどの会社は同じ方向を目指していて、ほとんど同じ経営戦略をとっています。いまは情報化社会ですから、会社によって戦略の差などそんなに大きなものではありません。どの会社も考えていることはほとんど一緒です。たとえ画期的なマーチャンダイジングの方法を開発したり、いままでにない新しい業態を開発しても、情報が筒抜けになって、すぐに真似されてしまうからです。その中で、どこで違いが生まれるのかというと、**経営者が考えた戦略を現場が実行できる仕組みになっているかどうかです。この差が業績の差となって表れる**のです。

つまり、やるかやらないかで、企業間の差が大きく開くものなのです。

24

会議は三〇分で終わらせる

会社にとって、会議は非常に重要なものです。「長い時間を使って話をしても結論は出ないし、会議など無駄」という見方もあります。しかし、それは間違っています。

おそらく会議をやっても成果が出ないというのは、やり方を間違えているのでしょう。関係者全員が集まって話をするだけで何も決まらず、時間だけを費やす会議なら無意味です。であるならば、会議のやり方を変えなければなりません。

具体的には、**「会議用の資料は作らない」「必ず結論を出す」「短くする」「議事録をとる」ことが会議の要点**です。

そもそも、日常の仕事の中で、現場で何が起こっているのかを把握し、問題点は何なのかを探り、必要な手を打ち、結果を確認しているはずです。つまり、会議で話し合われることは、日常の仕事の中で行われていることと同義でなければなりません。それなのに、会議に出席することになったら、何かそれらしいことを言わないといけないということで、改めて資料をつくることが多いようです。そんな「会議のための会議」をやっているから時間の無駄になるのです。新しくペーパーをつくるだけ無駄というものです。

会議で結論が出ないのは、決める人がいないために、堂々巡りをしてしまうからです。誰かが新しい提案をして、「予算がいくらかかる」という話になったときに、たいていそこには決済できる人がおらず、「問題点を上げてそれからまた話し合おう」などとなる。こんな会議をしていたらきりがないし、いつまでたっても結論は出ません。

ですから、会議には意思決定できる人が必ず出席し、リーダーシップをとらなければなりません。ある程度意見が出たら、どれを選択するかをリーダーがその場で決めます。何度も言っているとおり、「これで本当にうまくいくのか」などと、どれだけ議論しても結論は出ません。サイコロを振ってでもその場で結論を出すのです。

こういう会議なら、一時間で十分です。どんなに長くても一時間半で切り上げるべきです。いくら話し合ったところで正解は出ないのですから、時間がきたら誰かが「私の責任でこうする」と決めます。決めて、実行すれば結果が出ます。その結果を次の会議で発表し、その次の手はどうするかをまた決めればいいのです。

実際に私が出席する会議は、早ければ三〇分で終わります。前回決めたことの結果を報告させ、次回までにすべきことを提案し、私はそれを了承するだけです。

会議が長引くのは、成果が上がっていないことの分析を延々とするからです。失敗の言い訳を延々と話しても無駄以外の何ものでもありません。やった結果を受けて、次にどうするのかを話し合うのが会議なのです。前回決めた事案について、いかに難しいチャレンジだったかを、関係者が滔々と話し始めたので、私はこう言ったことがあります。

「それはもういい。わかった。で、次はどうするの」

すると、押し黙ってしまうのです。指示ができなかったことの言い訳はしても、次にどうするかを考えていなかったのです。

「わかった。ないんですね。じゃあ、やめましょう」

そう言って、会議をお開きにしました。別に怒ったわけではなく、結論のない会議をいくらやってもお互い時間の無駄だからです。がんばったけど、だめだったことがわかれば十分です。失敗の責任を追及しようとも思いません。次の打ち手を決めるのが会議なのですから、提案がなければそもそもやる意味がないのです。

結果の分析は必要ですが、なぜできなかったかをいくらほじくっても次の打ち手は見えてきません。思いつきでもいいからアイデアを出すことです。その意見がよさそうなら、私は承認します。

やることが決まれば、後は誰がいつ実行するのかを指示し、やってみて結果を見て、また次の手を考える。必要なのは、何が話し合われて、何が決まったのかを共有することです。このために、議事録は必ず作成します。

会議は無駄だという人たちに限って、議事録を取らない会議ばかりしていることが多いものです。議事録を取らないということは、何も決めていないわけですから、雑談と同じです。

どんな話し合いがあって、どんな結論が出たかを議事録にして取っておく。そこには、「いつまでに」「誰が」「何をする」という決定事項が書かれています。誰が何をするか明確になり、行動につながり、結果が出て、それを次の会議にかけてという繰り返しで、現場の問題点が是正され、正しい方向に改善されていくのです。

25 残業をなくすと、時間内に重要な仕事をするようになる

商品ごとの売り上げを売れ筋上位からランキングしていくと、上位三分の一の商品で総売り上げの七〇%を上げるという「3：7の法則」があるという話をしました。そして、これは仕事にも当てはまると言いました。

現場の仕事には、やらなければならないことがたくさんあります。現場の人はやりやすい作業、いままでやっていた作業を優先します。新しいことは、作業になれるまで大変なので、やりたがらないのも無理はありません。

現場に対して、「重要な作業、成果の上がりやすい作業から優先してやりなさい」とただ単に指示するだけでは不十分です。現場の人が考える優先度と、経営者の考えるレベルは異なるからです。

そして、仕事としての優先順位は低いことでも、やらなくてはいけないことに変わりは

ありませんから、現場の人には「それはやらなくていい」と決めてしまえる権限はないのです。

また、放っておくと、現場の人は、自分でやりやすいように作業を変えていきます。人間ですから、自意識があります。作業手順を示しても、それは全社標準ですから、必ずしも現場の実態に即したものではありません。このために「このほうがやりやすい」という自分の考え方が出てきます。

多くの場合、それで成果が上がるかというと、実際には上がらないのです。なぜならそれは、成果の上がる方法ではなく、その人にとってやりやすいというだけだからです。

このために、**経営者や上司が、明確な方向性を示し、重要な項目に絞って徹底させる。もっとも成果の上がりやすい作業手順を教えて、徹底させる。そのうえで評価と連動させていく**ことで、仕事の成果と個人のがんばりがリンケージしていくのです。

最初はなかなか優先順位を絞ることができなくても、普段の仕事の中で会社としての考え方を示していくことで、だんだんと個人の考え方が会社の方向性に合ってきます。

私自身も、部下に報告をさせるときや、店舗に指示を出すときに、優先順位を明確にするように指示を出します。現場への連絡事項が箇条書きに紙に書かれているときでも、一番上に書いてある項目が最も重要な項目になっているのかを必ず問います。なっていなければ、その場で書き直させます。

「どの仕事がもっとも重要か」を逐一指示し、間違えていればその場で訂正させるという日々の作業によって、社員は「この会社は何を重要としているか」を理解するのです。

会社が求める優先順位と同じ判断ができるようになったら、今度は、「時間を区切る」のが一つのコツです。「この仕事をいつまでにやりなさい」と期限を決めます。それを決めないと、面倒で大変な仕事をついつい後回しにしてしまうのです。

書類を書くときでも「優先順位が高い書類から書きなさい。簡単なのからではだめだよ」と社内で言っています。優先順位の高い重要な書類を書いているときに、半分まで書いたところで退社時刻になったとします。そうなったら、残りの五つの書類は残業してまでやらなくてもいいのです。

続きは時間があるときにやればいいし、おそらく最後の数枚は書かなくても済んでしまうものでしょう。できれば全部書いてもらったほうがいいのは確かですが、優先順位の低い仕事をして疲れさせるぐらいなら、休養して英気を養ってもらうほうがいいのです。

私は最近、社内で「残業をしないように」と指導しています。

なぜ残業ゼロを主張する

ようになったかというと、どうしてもしなければならない重要な仕事に集中したほうが効率がいいからです。あえて「残業するな」と口をすっぱくして言っておかないと、社員は、九時でも一〇時でも会社に残って仕事をしています。それが慣例になると、「一〇時までに全部できればいい」という考えになり、重要な仕事を後回しにしてしまうのです。

あまり「早く帰れ」ということを強調してしまうと、「あなたのいまやっている仕事は意味がない」と言っているようにも取られるので、残業している本人には直接言いませんし、強制するわけでもありません。けれども、なるべく早く帰るように、社内に対して意識を持ってもらうようにしています。

私自身は、取引先の方と食事に行く用事が入っていることもありますが、なるべく早く退社するように心がけており、七時以降は社内にはいないようにしています。

夜遅くまで仕事をしている経営者が世の中には少なくありません。仕事があればまだしも、仕事もないのに会社に残っているケースも多いのではないでしょうか。社員にとってこんな迷惑な話もありません。社員が疲れるばかりで何の成果にもつながりません。

社長がまだ仕事をしているというのに、社員は先に帰りにくいのです。まずは経営者から範を示すことが重要なのです。

4章

売れる商品を価格を下げずに売り込む

26

売れる商品を一〇〇個覚えなさい

会社で売っている商品には、売れる商品と、売れない商品の二種類があります。小売りの場合、扱っている品数が多いこともあり、売れる商品と売れない商品の差は歴然としていて、売れる商品は一日に何度も補充が必要なのに、売れない商品は一〇〇日たっても一個も売れないことがあります。この二種類の商品を区別して見ておくことが必要です。なぜなら、お客様は売れる商品しか見ていないからです。

ところが、売っている側は、一律に見てしまいがちです。努めて区別するようにしておかないと、二つの商品を平等に扱いがちです。一つひとつの商品の売れ行きの違いを現場の人にデータを見せてあげると、「えっ、こんなに違うんですか。初めて知りました」と驚くのが普通です。理屈ではなくて、まったく売れ行きの異なる商品でも、売り場に並んでいると、その差がなかなか認識できないものなのです。

ドラッグストアでは、一〇〇日に一個しか売れない商品が、売り場全体の三〇%から四〇%を占めているのが普通です。それがほかの売れている商品と同じようにスペースを取り、在庫管理の手間がかかっているのですから、無駄なコストが発生しているのです。

何が売れていて、何が売れていないのかを把握するのは、本当は現場の基本です。お客様から見れば、売り場の人は売れ筋商品を知っているはずだと思うかもしれませんが、実はまったくわかっていないのが現実です。

売れている、売れてないという結果は、そのままそれがお客様のニーズだということを表しています。すなわち、**お客様に満足していただくためには、売れている商品をより買いやすくし、売れていない商品は後回しでいいのです。**一〇〇日に一個も売れないような商品を熱心に勧めても、お客様は満足しません。極端な話、一〇〇日に一個しか売れない商品だったら、一日や二日品切れになっていても、何の問題もないのです。

そんな商品ばかりたくさんあるわけですから、一生懸命補充しているだけで大変です。そのくせ、たくさん売れる商品はその間にも売れていきますのでつい補充がおろそかになり、いつも品切れ状態が続きます。そうしてお客様の満足が下がってしまうわけです。従って、よく売れる商品と、ほとんど売れない商品を把握し、差をつけて見なければならないのです。

いまは売れない商品はどうがんばっても、売れません。安くしても、目につきやすいところに置いても売れないので、努力するだけ無駄です。売れない商品をどうしたら売れるかということに予算や時間を使う必要はありません。

そんな時間や予算があるのなら、売れる商品をさらに売り込むべきです。売れない商品は何をやっても売れませんが、いますでに売れる商品を、もっと売れるようにすることは可能なのです。

売り上げを上げるためには、いま売れている商品をさらに売り込むか、売れる可能性の高い新商品を売ってみることの二つしかありません。

ABC分析の話をしましたが、売り上げ上位三分の一のAランク商品で総売り上げの七五%、Bランク商品が二〇%、Cランク商品が五%の売上構成比です。これをさらに営業利益で計算すると、Aランク商品でだいたい一二〇%、場合によっては一五〇%の営業利益を上げていることがわかります。ちなみに、Bランク商品では〇%前後、Cランク商品ではマイナス二〇~五〇%です。営業利益で見ると、Bランク商品は収支トントン、Cランク商品だと赤字ということです。

つまり、儲けを出しているのは、Aランク商品だけなのです。Bランク商品を売っても ほとんど儲からないし、Cランク商品にいたっては、売れば売るほど損になります。言い方を換えれば、Aランク商品で上げている利益を、Bランク、Cランク商品の管理経費に充てていることになります。そんな商品をいくら売ったところでマイナスが多くなるばかりですから、売れる商品をさらに売ることが大切なのだとわかるはずです。

ドラッグストアの改革のときも私は、「パートやアルバイトでも、売れ筋商品の一〇〇個をソラで言えるよう覚えてください」と指示していました。店舗で扱っている商品は、一万点から二万点に及びます。すべてを覚えるのは当然無理です。ならば、注目して見るべき商品を絞るしかありません。

一〇〇日に一個しか売れない商品に気を使うだけ無駄です。現場の人たちは忙しいのです。無駄な時間を使わせるわけにはいきません。Sランク商品の一〇〇アイテムなら、誰でも覚えられます。

いつもその重要な商品を意識して、品切れしていないか、商品の動きは活発か、鈍っているかを見ておく。これなら仕事も効率的になりますし、経営にとってとても大事な情報が常に現場の中で気にかけるようになります。

27 売り込まなければ、お客様は商品を買ってくれない

売れる商品を、さらに売り込むためにはどうすればいいのでしょうか。それを知るためには、**お客様の購買行動は計画購買と非計画購買に分かれる**ことを理解しなければなりません。

計画購買とは、お客様が店内に入る前から、「この商品を買おう」と思って買いにくる買い方です。計画講買は、小売り側に売る意思があろうがなかろうが、買ってもらえます。たとえば、トイレタリーなど、定期的に家庭で補充が必要な生活必需品などは計画購買比率が高い商品です。これは売り場に置いてありさえすれば、どんなに隠れた位置にあっても、どんなにフェイス数が小さくても、お客様自ら商品を探し出して買ってくれます。けれども、**計画購買比率は、全商品の一〇%から二〇%**です。

問題は、**全商品の八〇%から九〇%に相当する、非計画購買**です。非計画ですから、**お**

客様は売り場で見て「買ってみようかな」と思った商品を心の赴くままに手に取っているのです。これが現代の購買行動の中心です。すると、こちらが売りたい粗利の高い商品をお客様に買っていただくためには、「買ってほしい」という意思表示をする以外にありません。

お客様は、その商品を欲しいとは思っていないので、ただ置いてあるだけでは気にも留めません。売り込む側が勧めて、初めてお客様の視界に入るのです。

ポップやディスプレイ、呼び込みなどで、「お勧め商品です」「一番人気です」といった売り込みをかける。あるいは、フェイスを広くとり、見やすい位置に大量に陳列するといったことで、売る側の意思表示をします。するとお客様は「いいものかもしれないから買ってみよう」と心が動き、手にとってみます。その売り場に人が集まっている状況を見たほかのお客様の目に留まり、さらに売れていくのです。

たとえば、おいしいチーズがあったとしましょう。チーズ好きのお客様でなければ、チーズを買おうと思って店に来ることはないでしょう。「夕食のおかずを何にしようか」と、店内を歩きながら考えていますから、誰も売り込みをかけないと、メインの食材をチョイスして終わりです。

けれども、店側が、「おいしいチーズを使うと、料理の味が変わりますよ」「ワインと一緒に食べるとすごくおいしいですよ」という提案をすると、初めてチーズがお客様の目に留まり、「買ってもいいかもしれない」と、存在しなかった非計画購買行動が起きるわけです。**ただ商品を並べておくのではなく、売り込む意思を持たなければ、そもそも「買いたい」という意識がお客様の中に生まれない**のです。

場合によっては販売スタッフを配置して試食をすると、びっくりするぐらい売れることがあります。食品スーパーでは、試食をすればほぼ確実に売り上げは上がります。さらに、「これを言えば必ず売れる」という殺し文句、たとえば果物だったら、「手摘みです」「無農薬有機です」「樹木についた状態で熟しました」といった定番の売り文句を使うのです。

成城石井オリジナルの「プレミアムチーズケーキ」も、おいしいのにお客様には手に取ってもらえないという弱点がありました。「この商品はおいしいのに、なんでもっと売れないのかな」などという話をしているわけです。

それは、買ってもらおうという意思がお客様に伝わっていないからです。売れない商品をいくらアピールしても売れませんが、売れる商品なら、店側が売り込む意思を持ったとき、お客様に認知していただいて買ってもらえるのです。

私には「とてもおいしいので、絶対に売れるはずだ」という確信がありました。新丸ビル店で目玉商品として出したときにも、「一〇〇〇本売れ」と発破をかけて大々的に試食したら、たった一日で一四〇〇本も売れたのです。用意していたのは一〇〇〇本ですから、商品が足りなくなって急いでほかの店から調達したほどです。

これは売れるということで、今度は新規開店した大森店で特売をしました。この店での初日の売り上げは三〇〇万円ほどでしたが、一日で七〇〇本も売れました。私が見に行くと、試食はしていないのですが、スタッフは**「もしおいしくなかったら返品してもいいですよ。いくらでも受け付けます」というものすごい自信と勢いで売っているのです**。それだけやっても絶対にお客様に満足していただけるという自信があるからです。

それだけの売る意思を示せば、商品はびっくりするぐらい売れるのも納得していただけるでしょう。チーズケーキはリピーターがついて、その後も売り上げは好調です。

28 売れ筋商品を売り込んでいくと結果的に死に筋商品は排除される

大手雑貨チェーンの経営改革を依頼されたときのことです。それまで、順調だった業績が急速に落ち込み、その分析をしたら、問題は店舗の大型化を進めたことにありました。一〇〇坪程度の小型店の展開からスタートしたそのチェーンは、シンプルなデザインというコンセプトが受けて急成長し、大きい店を開発していきました。店舗の売り場面積が、二〇〇坪、三〇〇坪とどんどん大きくなっていったのです。すると、店の大型化に反比例して、売り上げがどんどん落ちてしまいました。

これはなぜでしょうか。

このチェーンは自社開発商品だけを販売するSPAと呼ばれるタイプの業態です。一〇〇坪だった店が倍の二〇〇坪になれば、倍の商品が必要になります。ただ商品を倍積むだけでは面白くありませんから、新しい商品を矢継ぎ早に開発し、品数を急速に増やしていきました。さらに、三〇〇坪の店ができるようになると、もっと品数が必要になり、品揃えをもっと拡大していったわけです。

せっかく開発した商品ですから、既存の小さなタイプの店にも並べたいと思うのは当然です。「売れる」と思って開発した商品ですから、既存店の売り上げも上がるだろうと考えました。そうして、新しく開発した商品を既存店にも並べていったわけです。ただし、既存店は一〇〇坪しかありませんので、物理的なスペースが限られます。そのままでは新しい商品を置くスペースがありませんので、前から置いてある商品のスペースをちょっとずつ削って新商品の棚を確保しました。

その途端に、売り上げが伸び悩みました。新商品を追加したから、その商品の売り上げが加わったのに、です。実はその新しい商品を置くスペースを確保するために、売れていた既存商品のフェイスを削ってしまったために、売れていた商品が売れなくなり、急速に売り上げが落ちてしまったということなのです。

フェイスの大きさはそのまま、お客様に対して「買っていただきたい」というアピールの大きさにつながります。私の経験上、フェイスを半分にすると、おおよそ二〇％売り上げが落ちます。

たとえば、いままで月に一〇〇個売れていた商品があって、そのフェイスを半分にして新商品を置くスペースを確保したとします。すると、既存商品は月八〇個の売り上げに落ちます。反対に、新商品は月にせいぜい一〇個しか売れなかったとします。マイナス二〇個に対してプラス一〇個ですから、トータルで一〇個分の売り上げ減です。

この場合は、新商品を急速に増やしていったために起こった問題ですが、店舗では、気がつかないだけで深く静かにこういう事態が進行しているのです。つまり、売れ行きが悪いたくさんの商品のために売り場が占領されて、売れ筋商品のフェイスが小さくなってしまっているのです。

売れ筋商品をもっと売るために、効果的な手段は、フェイスをどんどん広げていくことです。単品管理によって売れ筋と死に筋をより分けて、**売れ筋はより広く、より見やすい位置にどんどん移動させていきます**。すると、ほかの商品の売り場を削らなくてはなりません。そこで、**死に筋商品はどんどん削り、見えにくい位置へと移動させます**。その結果、棚に入りきらずにこぼれてしまう商品も出てきますが、そのままでいいのです。

単品管理によって、売れ筋と死に筋をより分けていくと、実は、品数は絞られていきます。この結果、売り上げは上がるのです。小売業では品数を減らすことをとても怖がりますが、思い切ってこれを断行することで、大きく業績が上がることが多いのです。

イトーヨーカ堂で業務改革をしたときにも、単品管理の導入を決めました。売れるものと売れないものをより分け、売れる商品の売り場を拡大していったところ、結果として、売り場に入りきらない商品がでてきて、アイテム数が当時一〇～二〇%は減ったのです。

すると売れ筋商品の売り上げが上がり、結果的に店全体の売り上げも上がり、利益も格段に増えたのです。売れ筋商品を売り込むことが重要であり、そのためにはフェイスを広げることがやはり重要なのだと、このとき知りました。

死に筋商品でも、置いておけばちょっとは売れるので、切ってしまうのはもったいないと思うものです。そこを思い切れないために、売れない商品が売り場を占領してしまう状態が続いてしまうのです。

売れ筋商品を売り込むことが、結局はお客様のニーズに合致するのです。売れていない商品をたくさん並べても、お客様は喜びません。ニーズがあるから売れているわけで、ニーズがある商品を売り込むことでお客様に喜んで買ってもらえるのです。結果的には、売れる商品と売れない商品のメリハリをつけていくことで、お客様のニーズに合致した売り場になっていくのです。

29

品揃えが豊富とは品数が多いということではない

大手雑貨チェーンでの取り組みの前に、大手衣料チェーンで経営改革に取り組みました。この会社もやはり、ＳＰＡと呼ばれる自社生産・販売方式の業態です。自分のところでつくった商品は、他の店では売れないので、自社店舗で売り切らないといけません。当初は、自社生産のコストダウン効果によって、品質のよい商品を安価で販売することで、顧客から大きな支持が得られました。

ところが、店舗数が多くなり、店の規模も拡大していくと、いろいろな問題が出てきました。洋服の場合、品切れになったらすぐ追加注文すればいいというわけにはいきません。とくにこの会社の場合、低コストを実現するために、一括で大量生産し、追加発注しないでシーズン中に売り切るという戦略を武器にしていたのです。すると、売れる商品はどんどん売れていって在庫がなくなってきて、その逆に、売れない商品はいつまでも残ってしまいます。結果、売れない商品ばかりが店頭に積み上がっているという状態になるわけです。

そこで、**単品管理によって売れ筋と死に筋商品を分析し、売れている商品は生産工程まで変えて追加生産し、大胆に売り場を広げていきました。そうしたところ売り上げも上がり、利益も上がった**わけですが、ここで面白い現象が起こりました。

というのは、**アイテム数を減らしているのに、「品揃えがよくなった」というお客様の感想を多くいただいたのです**。売れる商品の売り場を広げた結果、売れない商品は隅のほうに追いやられ、置き場所がなくなったいくつかの商品は早く処分しました。それなのに、お客様が「品揃えがよくなった」と感じたのはなぜでしょうか。

お客様自身が、お店にある商品を隅から隅まで数えているはずはありません。正確に「この店は四〇〇アイテムある。だから他の店より品揃えがいい」と言っているわけではないのです。パッと見て、魅力的な商品、買いたい商品があちこちにあるという状態を指して、「品揃えがよい店だ」と感じるのです。

買いたくない商品、魅力のない商品がどんなに並んでいても、それは品揃えとは呼べないのです。結果として、売れ筋商品を拡大していくと、お客様にとっては買いたい商品がよく目につくことになるので、アイテム数を削ったとしても、「品揃えがいい」という評価になるのです。

エルメスにしてもルイ・ヴィトンでも、高級ブランド店になると、大きな店なのに陳列してある商品はほんの少しです。一個一個の商品をきれいにディスプレイしているせいで、一つの棚に並んでいる商品は、二〜三個ということも珍しくありません。それでも、「品揃えが悪い」と言うお客様はいないはずです。品数はスーパーの比ではありませんが、高級ブランド店にお買い物に来るお客様にとっては、並んでいる商品はどれもこれも欲しいものばかりだからです。

この衣料品チェーンのコンサルタントに入って少したった頃、売り上げ好調だったライバル店を見に行ったら、やはりアイテム数は少なく、店の規模もコンセプトも品揃えも似たり寄ったりなのに、品数は四分の三程度でした。それでも、売り上げは好調で品揃えもいいと言われていました。

この差は、単なる品数ではなく、売れ筋の品数の差だとすぐにわかりました。そこで、それまでやっていた一括生産の仕組みを変えて、売れ行きを見ながら追加生産指示を出していく方式に変更して、発注から納品まで二カ月かかっていたのを、生産工程を工夫して四週間で納品するように変えました。

そうしたところ、ボーダーTシャツ、オックスフォードシャツ、チノパンといったいまでも定番になっているヒット商品が続々出始め、それら売れ筋商品の売り場を大々的に広げていって、結果的に品数が絞られ、平均すると四〇〇アイテムだったのが、三〇〇アイテムまで減り、これとともに売り上げもうなぎのぼりで上昇していったのです。

本当の意味で**「品揃えがいい」というのは、買いたい商品が並んでいる店なのです。何でもかんでも置いてある店ということではありません**。死に筋商品がどんなに並んでいても、お客様にとっては「買いたいものが何もない店」でしかないわけです。

後日談ですが、その後、この衣料品チェーンは、一年間で二〇〇〇万着も販売する大ヒット商品を出し、私がコンサルタントに入ったときには六〇億円だった利益が、二年後にはなんと一〇〇〇億円までになりました。いまでは誰もが知る大手衣料チェーンへと躍進していったのです。

30 売れ筋をさらに売るために見せ筋商品をつくる

前述したとおり、扱っている商品の売れ行き上位三分の二までの商品で総売り上げの九五%を上げているのですから、売れない三分の一は経費がかかるだけでやっかいな商品です。そこで、売れ筋の上位三分の二に思い切って絞り込み、売れない三分の一は全部カットしてしまえばいいのではないかと思う人もいるでしょう。

実際にそういう発想をした人がいました。アイテムを徹底的に絞り込み、動きの悪い死に筋商品を思い切ってすべて店から出し、空いたスペースに売れ筋商品をたくさん並べたのです。これは実際にある小売店で実践したことですが、結果はどうなったかというと大失敗だったそうです。アイテム数をむやみに削った結果、間延びした面白みのない売り場になってしまったのです。

売れ筋商品を売り込むことによって結果としてアイテム数が減ったのと、アイテム数を減らすことを目的にするのは違います。**単純に、売れる商品だけを置いておけばいいわけではないということです**。

売る側は合理化して経費を安く抑えたいのですが、お客様は合理的に買い物をしているわけではありません。購買行動というのは非常に心理的な要素が強いのです。

売れ筋商品に絞った結果、最終的に売り場からこぼれてしまう商品が出てしまうのは仕方ないとしても、あまり合理的に走りすぎ、お客様の満足を通り越してしまうと、かえってお客様の支持を失うことがあります。

ここが難しいところで、**売り場にたくさんの商品が並んでいろいろ選べる状態にあることも、お客様に満足していただくためには必要なのです**。売れ筋商品を引き立てるための商品も必要で、これを小売りでは「見せ筋商品」と呼んでいます。

結局買うのはいつもの定番でも、お客様にはある程度比較検討して買いたいという願望もあるのです。特に代替性のない商品は、極端に品数をカットし過ぎるとお客様に満足されない売り場になってしまいます。

枯れ木も山の賑わいではありませんが、売れ筋商品一種類だけをズラリと並べても、単調で面白みがなくなってしまうのです。売れ筋商品を売るために必要な品揃えがあって、売れなくても棚に並べておかなければならないのです。

たとえば、ドラッグストアの化粧品コーナーに置いてある口紅などは、色とりどりの商品をズラリと並べてありますが、売れるのは、赤、ベージュ、ピンクの基本の三色です。以前、定番の三色だけに絞った店が実際にありましたが、聞いたところによると、口紅の売り上げは約半分にまで落ち込んだそうです。

買うのはいつもの定番でも、お客様は選んで買いたいのです。店に入って口紅のコーナーを見たら三色だけしか置いていなければ、「これだけしか置いてないの」と思うものです。魅力を感じられなくて、他の店に行ったとしても、たくさんあるサンプルから選ぶのは、やっぱり三色のうちのどれかです。

逆に言えば、アイテム数を増やしていくことで、売れ筋商品の売り上げを押し上げる効果もあります。同じ商品でもデザインやサイズ、色のバリエーションが豊富な商品の場合、バリエーションを増やすほど、売れ筋がよく売れるようになります。口紅で言えば、色のバリエーションを増やすと、追加した色の口紅は売れないのですが、売れ筋商品の売り上げは不思議とより上がるのです。

正しいアイテムの絞り方は、売れ筋商品と見せ筋商品、死に筋商品、それぞれのフェイ

スに極端な差をつけることです。単品管理によって、商品の売れ行きを把握したら、売れ筋商品のフェイスを大胆に広げます。その分、見せ筋商品と死に筋商品のフェイスをどんどん狭くしていき、最終的に売り場のスペースがなくなってしまったら、死に筋商品の中でももっとも売れ行きの悪い商品から順々に落としていくことになります。

先述したとおり、フェイスを倍に広げれば二〇%ほど売り上げが上がります。そこで、それまでの倍の規模の店舗を開発し、売れ筋商品と死に筋商品の区別なく、すべての商品のフェイスを単純に二倍に広げた会社がありました。これも大失敗でした。

売れ筋商品だから、フェイスを広げれば売れるのであって、死に筋商品はどうやっても死に筋なのです。ですから、売れ筋商品のフェイスを一〇倍に広げたら、死に筋商品のフェイスはカットするといったように、極端な差をつけることです。そして、売れない商品でも見せ筋商品として必要になるので、売れ行きが鈍いからといってむやみに落としてはいけません。

31 新商品の売れ行きは初日で決まる

売れ筋をより売り込む売り場に変えたら、次に打つ手とは、新商品の投入です。

死に筋商品をどうにかして生かそうというのは無意味ですが、**新商品は投入すれば、とりあえずはよく売れます**。お客様は新しいものに反応しますので、死に筋を置いておくくらいなら、新商品を投入すべきです。

新商品の導入にはスピードがとても重要です。たとえば、テレビＣＭをかけるような有力商品であれば、ＣＭが流れ出したとたんに商品が動きます。そのときに店に商品が揃っていないようでは遅いのです。**発売から一カ月もたてば、新商品効果はなくなってきますので、まさにスピード勝負です**。

ところが、メーカーから情報をキャッチして、商品を仕入れ、店頭に並べるように指示を出しても、二週間以内に新商品の売り場ができるのは全店の四〇％程度なのが、いまの小売業の一般的なマネジメントレベルです。

本部はメーカーから情報をもらっていますから、「何日からCMが始まる」というのは知っています。それに間に合うように手配し、売り場をつくるように現場へ指示をだしているのに、現場が動かず、商品や什器は届いているのに梱包されたままバックヤードに放置されていたりします。

これでは、売り逃しリスクが発生してしまいます。テレビCMをかけるような新商品でも、よく売れるのはスタートだけで、それを見越して本部では仕入れているわけですから、スタートダッシュのときに売っておかないと、チャンスを逃すだけではなく在庫が残ってしまうのです。

メーカーでは、発売日に合わせてプロモーションを行う計画を立てているので、小売り本部との間で、商品を行き渡らせて、「何日に店頭へ並べてください」という合意ができています。つまり、発売日に合わせて全店舗で同時に販売がスタートするかどうかで、売り上げもまったく違ってくるのです。

コンビニエンスストア業界で首位を独走するセブン‐イレブンの強さは、一つには新商品の投入スピードだと言われます。大手コンビニエンスストアでは、いまやどこへ行ってもだいたい並んでいる商品は同じ、立地もほとんど違いがありません。**違うのはやはりマネジメントレベルの差であり、それが如実に表れるのが新商品の発売日にちゃんと店に並んでいるかどうかなのです。**

当然、どこのチェーンの本部でも、新商品の発売日に合わせて商品を仕入れ、全店に指示を出します。それなのに、発売当日になって、店に商品が並べられるとは限りません。発売から二週間たっても全店の半分ぐらいしか新商品が並んでいないといったチェーンもあるのです。ＣＭで宣伝していた新発売の飲料を「買ってみよう」と思い立ってコンビニエンスストアに寄ったら、置いていなかったといった経験をした人も多いことでしょう。発売日になったら、全店に必ず商品が並んでいる。これがセブン‐イレブンと他のチェーンの圧倒的な差になっているのです。

けれども、新商品だからといってただ置けばいいわけではありません。テレビでどれだけ宣伝していても、それを目的に買い物に来る人は少ないのです。ＣＭで宣伝していた商品にたまたま目が留まると、「そういえばＣＭでやっていた商品だ」と気になり、買う気になるもので、従って、目に付くところに商品を展開し、アピールしなければ新商品でさえも売れないのです。

ドラッグストアの社長に着任してしばらくたったころ、ある大手メーカーのシャンプー・リンスの新商品が発売になりました。メーカーが威信をかけて投入した新ブランドであり、広告出稿量も桁違いでしたから、いままでと力の入れ方が違うことはすぐにわかりました。すぐに私は、新商品を全店の一番いい位置に置く方針を打ち出しました。

それだけでは現場は動かないので、担当者を明確にし、日付を特定して、「この日までにディスプレイを準備して、陳列できたら写真を送りなさい」と指示しました。それまでそのドラッグストアではやったことがないので、社員は「何が始まるんだ」という感じで戸惑っていました。

そうして発売日を迎え、全店で新商品が山のように積んであるのを見て、「こんな店はほかにありません」と、もっとも驚いたのは視察に来ていたメーカーの担当者でした。このように本部の指示が店頭で実現できるケースは本当に少ないのです。肝心の売り上げはというと、大成功でした。ドラッグストアの中ではもっともたくさん売り切りました。

特別変わったプロモーションをしたわけではなく、新商品の発売日に全店に並べる。それだけのことで、ほかの店との大きな差別化になるのです。

32

売れ筋商品の在庫はどんどん持ちなさい

売れる商品をもっと売り込むためには、フェイスを広げてアピールすると言いました。そのためには、売り場のフェイスを広げるだけではなく、在庫をある程度持たなければ意味がなくなってしまいます。

小売りの基本は、「あいさつ」「クリンリネス」「品切れ防止」の三つです。その中でも**品切れはもっとも気をつけなければいけない基本中の基本です**。

フェイスを広げてアピールしても、商品が売り切れてしまい、棚がスカスカだと、売れ筋商品でもお客様に手に取ってもらえなくなります。フェイスを広げるとともに、売れ行きに合わせて在庫を増やすことが大変重要です。

在庫を増やすことは、キャッシュフロー的にマイナスになるため、在庫を持ちたがらない会社もあります。財務諸表だけを見て、在庫を減らす指示を出すことも起こりがちです。

発注制限をかけて在庫をコントロールするといった対策をしている会社も少なくありません。売れているか否かにかかわらず、一定の在庫水準を下回ったら初めて発注するというルールを設けたりもします。これだと財務上は確かに安定するかもしれませんが、商売上で見ると大変に危険なことです。

なぜかというと、現場が商品を発注するのは、売れて品薄になっているからです。売れているから発注しているのです。発注にブレーキをかけることは、売れ筋商品の在庫を減らすことになり、結局は品切れを起こします。その結果顧客満足が下がって売り上げも上がらず、当然、利益も出なくなります。

発注を制限しようという考えは、まったくもって間違っています。キャッシュフロー的にどうこう言うより、商売の基本は商品を売ることにあるのですから、その売り上げを生む在庫を減らすのはナンセンスで、売れる商品を売るなと言っているようなものです。売れる商品の品切れが怖くて、在庫を必要以上に持ち過ぎてしまうほうがましです。

売れている商品は、商売をするために絶対に必要な商品なので、これがないと、お客様に満足していただく売り場はつくれません。売れている商品の発注を制限するルールを一切なくし、常に在庫をストックしておくことが正しいのです。

そうは言っても在庫は無尽蔵に置くこともできませんから、**売れない商品の在庫を相対的に減らすことでバランスを取り、在庫の最適化を図る必要があります**。つまり、単品別在庫の精度を上げる必要があります。

在庫を持つことによって財務体質を悪化させてしまう原因は、売れない商品の在庫を抱えてしまうことにあります。売れない商品は、一〇〇日たっても一個も売れないことがあり、ひどい場合では三〇〇日かかってやっと一個売れることがあります。

つまり、売れない商品の在庫を一個でも持ってしまうと、三カ月、場合によっては一年間もずっと店頭に置きっ放しでほこりをかぶっているのです。こういう商品が店頭にたくさんあれば、キャッシュフローが低下して当然です。

これに対して売れる商品は、仕入れた商品が、五日とか一〇日ほどでなくなってしまいます。いくら仕入れてもその端から売れていくので、財務を圧迫することはありません。**売れる商品なら在庫をいくら持っていてもいいのです**。これはまったくもって当然のことなのですが、なかなか実現できないのはやはり単品在庫の精度が悪いからなのです。

単品別在庫の精度がある程度確保できている小売業は、とても少ないです。コンサルタントとして小売店の経営診断を依頼されたとき、「在庫の単品管理はどうなっていますか」

と聞いたら、「うちの在庫管理は精度が低いので使えません」とこともなげに言った担当者がいました。

在庫管理の精度が低いということは、売れる商品の品切れを起こしやすくなり、売れない商品をいつまでも大量に抱えて財務を圧迫させてしまうことにつながります。このことは小売店の経営をだめにしていく元凶です。

そもそも、**売れるものをたくさん仕入れて、売れないものはあまり持たないようにすれば、確実に儲かります**。在庫管理の精度を上げることは確かに難しいことですが、単品在庫の精度を上げない限り、これからの時代は売り上げが見込めません。在庫管理は商売のイロハのイです。

33 売れない商品の在庫は持ってはいけない

売れ筋商品の在庫を切らさないと同時に、**売れない商品を減らすアクションを起こすことも必要です**。その対策の一つは、在庫を動かすことです。

同じ売れない商品でも、売れる店に置けば回転率は少しましになります。売れない商品を売れない店にいつまでも置いておくよりも、店舗間で回してなるべく早く売り切る。もしくは、一度流通センターに戻し、売れる店から発注があったときに新たにメーカーから納品するのではなくセンター在庫で対応するのです。

もう一つは、極端に値段を下げて、さっさと売り切ってしまうことです。売れない商品でも半額にすれば、そこそこ売れます。いずれにしても、**売れない商品を処分し、売れる商品の在庫スペースを確保することが先決です**。

問題は、さらにその先にもあります。売れない商品をやっと処分したのに、また在庫を抱えてしまえば元のままです。現場では、品切れが起こると機械的に商品を発注してしまう傾向があるので、うっかりしていると、やっと売り切った商品の在庫をまた抱えてしまうことがあります。

在庫管理の精度を上げることは難しいので、販売データから換算し、売れない商品の在庫を極限まで減らすルールをつくります。実際に私が行った方法は、「一個在庫」です。**「売れない商品の在庫の上限を一個にする」**というルールです。

一個ですから店頭に置いてある商品が売れたら即品切れですし、棚は常にスカスカです。それでいいというのが私の考えです。そもそも売れない商品は、一〇〇日に一個しか売れないものなので、仮に品切れしても、お客様はそれほど困らないのです。

ABC分析で言うと、Cランク商品をさらに三分割し、もっとも売れない下位一〇%の商品にこのルールを適用します。もっとも売れない下位一〇%の商品は、売上構成比でいうとせいぜい〇・一%ですから、仮に品切れしてチャンスロスが発生してもその影響は取るに足らない数値です。

仮に一個在庫がなくなってもルールに従って発注しますから、三日もすれば入荷されます。三〇〇日に一個しか売れない商品を、三日間切らしても、売り上げに与える影響はまったくありません。

成城石井ではさすがに一個在庫はできませんが、ドラッグストアのときには実際に導入しました。それで売り上げに影響したかというと、まったく影響しませんでした。アイテム数としては数点ですし、このときに一個在庫にしたのはCランク商品よりもさらに売り上げが落ちるDランク商品です。売上構成比にすれば〇・一%程度ですから、全体の売り上げに与える影響などまったくないのです。

最初に「一個在庫」を指示したときに、売り場の人は嫌がりました。空き箱を置いてみたり、POPでごまかしてみたりといろいろやったのですが、どう工夫してもスカスカな感じがぬぐえません。一個在庫に欠点があるとしたら、見た目が悪いことです。売り上げにはまったく影響がないのですから、あとは気持ちの問題だけです。

一個在庫でも、一〇〇日に一個しか売れなかったら、在庫日数は一〇〇日です。在庫日数一〇〇日の商品の在庫を二個にしたら、在庫日数が二〇〇日、三個にしたら三〇〇日です。一年たってやっと在庫がはけるのです。

これに比べて、売れ筋商品の在庫日数は一〇日もありません。もっとも売れる商品では五日というのもあります。発注と配送のサイクルが間に合わない危険が出てきてしまうほどで、上位一〇％の売れ筋商品を切らしたら、途端に業績は悪化するのです。ですから、**死に筋商品は切らしてもいいから、その分のスペースを空けて、売れ筋商品の在庫を余分に持つべきなのです**。

たとえば、同じ売り上げの店が二店あって、一方は在庫が三二〇〇万円、もう一方は二八〇〇万円だったとします。どちらの在庫が多いかと言われれば、三二〇〇万円のほうです。でも中身を見ない限り、どちらが問題かとは一概には言えません。

在庫金額が二八〇〇万円でも、死に筋商品ばかりを抱えているのなら「在庫を持ちすぎている」ことになりますし、売れ筋商品ばかりの在庫が三二〇〇万円なら、相対的に金額は多くても適正在庫です。**在庫金額を総額で見て、「多い」「少ない」と判断すると、売り場の状況を見誤る可能性があるのです**。在庫を総額で判断することに、まったく意味がないことがおわかりいただけたでしょうか。

34 売れる商品は売れる店舗の在庫を優先させる

売れる商品と売れない商品を単品管理によって分けて、商品別の在庫を適正化することができたら、次は、売れる店と売れない店の店別在庫数に手を加えていきます。**売れる店での売れる商品の在庫量をより増やすことが大切です**。

売れ筋商品は売れますから、在庫がどんどんなくなっていきます。そのうちに倉庫在庫も底をついて、商品そのものがなくなってしまうと、メーカーの追加生産を待たなければなりません。この時点でも、売れない店に店頭在庫が残っていることが往々にして起こります。

私が**実際に行っているのが、「えこひいき納品」です。簡単に言うと、売れている店に優先的に商品を回し、売れていない店を後回しにする方法です**。

実際に、ある売れ筋の商品の倉庫在庫が乏しくなったときに、「売れない店から発注が来ても出さないように」という指示を出しました。売れている店から発注が来たときに、その分を確保しておくためです。売れない店の中でもそれなりに売れている商品なので、倉庫に発注があるわけですが、それをあえてストップしても、売れている店を優先することで、会社としての売り上げは上がるのです。

これは、売れていない店にとってはかわいそうなことです。売れない店にとっては数少ない売れ筋商品ですから、その発注を止められてしまうと、もう売り物がないという状態になります。それでも、全社の在庫最適化のために、売れない店の人たちには我慢してもらうほかありません。

もっと極端な例としては、倉庫在庫もなくなったときに、売れていない店に残っていた店頭在庫を売れる店に移すように指示しました。当然ながら、売れていない店の担当者は困惑します。

「それは困ります。この商品は、うちの店で一番売れている商品ですよ」と言って抵抗しましたが、私は「全社最適化が優先なので、悪いけど出してくれ」と言って、渋る担当者を納得させました。

例えば売れていない店には、店頭在庫がまだ一〇個あったとします。その店で一〇個売るのに二カ月はかかりますから、翌月メーカーに発注している追加生産分が倉庫に入ってくるから、店には五個もあれば十分という計算をしました。もちろん、いつもより売れてしまって、五個残した在庫が一カ月で売れて、品切れを起こす危険は十分にあります。

それでも、売れる店に回したほうが全社在庫は最適化します。実際に売れない店では一〇個売るのに二カ月かかる商品が、売れている店では一週間で売れてしまうことは日常茶飯事です。

二カ月に一〇個しか売れない店の在庫を五個にして、翌月の納品までに品切れとなってチャンスロスが発生したとしても、せいぜい一個か二個というレベルです。一週間で一〇個売る店では、追加発注した商品の納品までに品切れが一週間続いてしまえば一〇個のチャンスロスになるのです。大手衣料チェーンでも真冬に繁盛店でフリースが品切れを起こしたときは、近隣の売れていない店から在庫をかき集めたことがあります。

売れない店でチャンスロスを起こすことが予想できても、売れない店の在庫を削って売れる店に在庫を集中させる。だから「えこひいき」です。現場の人は嫌がりますが、私は正しいことだと思っています。

店頭在庫のやりとりは、やはり本部が単品別に把握して、先を見越して行うべきです。

店頭在庫を別の店に移すことが難しいのなら、流通センターで在庫を管理して、売れる店の発注を優先する仕組みに変えるだけでも結果は違ってきます。

現場では売れていない店ほど、売れないから売れ筋商品がたくさん残っています。このことにより、売れている店と売れていない店で在庫のアンバランスが起こることは珍しくありません。会社としては、こうしたアンバランスを見逃してはなりません。

逆に、売れていない店では売れない商品はまったく売れませんから、早めに引き取って売れる店で処分してあげるようにします。これで売れていない店の在庫コントロールはかなり楽になります。

在庫管理は微妙なさじ加減が必要であり、難しいことです。でも、在庫の持ち方によって結果は大きく変わってくるのです。

35 価格を下げずに売り上げが上がる五つの方法

最近は、ディスカウントストアでもブランドもののバッグが破格の値段で売られることがあります。安くすればモノが売れるのなら、普段はなかなか安くならないブランドものなら飛ぶように売れるはずです。ところが、実際にはあまり売れていないようです。値段が安くなったブランドものをお客様が買わないのは、高いモノを買うことで消費意欲が満たされるからです。

ブランドのネクタイを恋人にプレゼントするときに、ディスカウントストアではなく、百貨店か直営店で買うでしょうし、もらう側もそのほうが喜びます。プレゼントを百貨店や直営店で買ったという事実が、商品の中身以上の付加価値をつくるのです。

このことはなにも高価な嗜好品に限ったことではなく、どんな商品でもモノ以上の価値が購買行動に影響しています。言い換えると、**商品自体の価値以上の価値をお客様は求め**

ているのです。そうであるなら、小売りはお客様のニーズに応え、価格とは違う価値を提供しなければならないのです。

小売業の歴史でもこれまで、ハードディスカウント業態に切り替えて、一時的に成功するケースは度々ありました。粗利率が低くても、売り上げが大きいので粗利額そのものは大きく増えていきます。ところが、好調なのは最初だけで、二、三年もたつと売り上げはガクンと落ちてしまいます。

競争相手も対抗してきますし、お客様も価格の安さに慣れてしまうのです。安さを実現するために粗利率を限界まで下げているので、売り上げが落ちると利益が出なくなり、にっちもさっちもいかなくなるというのが安売り戦略のパターンです。

では、価格を下げないで売り込む方法はあるのでしょうか。**価格を下げないで売り上げが上がれば、大きく利益を上げる**ことができますが、そんな夢のようなことができるでしょうか？

答えは、「できます」です。私がやっているのは、五つの方法です。

一つ目は、「フェイスの拡大」です。物理的な売り場のスペースを広くとり、お客様に商品を認知していただきます。**現在は、非計画購買の割合が非常に高く、店に入って目に**

付いたものを買っている割合は八〇%と言われています。とにかく商品を目立たせること。フェイスを二倍にすると、売り上げは一五～二〇%上がることが理論的にわかっています。

二つ目は、**「在庫を増やす」**ことです。一カ所にどっと積み上げたりしてボリューム感を出します。商品がたくさん積んであると、お客様は「こんなに売れているのか」と感じ、買いたくなるものです。その証拠に、どんどん商品が売れて二、三個しか売り場にないと、今度は逆に売れなくなるのです。売れ行きを落とさないためには、在庫をたくさん持って、売れてきたらすぐに追加して商品を並べて、ボリューム感を維持するのです。

三つ目は**「優位置に商品を出す」**ことです。お客様が通過する確率の高い場所、なおかつ、目につきやすい場所に商品をズラリと並べます。店舗では、お客様が通過する確率の高い通路を「通過率」として表し、通過率五〇%以下の通路では、どんな商品でも売り込みは難しくなります。エンドと呼ばれる主通路に面した特売スペースは優位置です。

また、商品の置いてある高さも重要です。歩いているときはやや前方の地面を見ていますので、三〇度ほど目線を落としています。従って、歩いている人間の視界に入りやすいのは、地上八〇～一二〇センチの範囲内です。お客様は目的外の商品はわざわざ探してくれませんので、まずこのゾーンに商品を並べることが重要です。

四つ目は、**「POPをつける」**ことです。価格が高くて品質のいい商品を売るには、値段よりもその商品の良さをアピールするしかありません。そのためには商品を置いて、値札をつけておくだけでは何のアピールにもなりません。そこに店員がいないときでもお客様にその商品の良さを伝えるための工夫はとても重要です。

最後は**「接客」**です。お客様が商品に目を留めたら、すかさず商品を説明し、お勧めします。買おうかどうしようか迷っているお客様の背中を押すのが接客であり、これはどんなプロモーションよりも強力です。接客のレベルを上げることで、同じ商品で、価格が同じでも、売り方によって二倍も三倍も売り上げが違ってきます。

この五つの方法を実践すれば、売り上げを倍以上にすることも可能です。売り上げが倍になれば、利益は飛躍的に向上します。

価格を下げると、確かに一時的に売り上げは上がります。しかし、それをやってしまうと後が続かなくなるのです。同じことをやっているとお客様は飽きてきますので、さらに価格を下げないと売れなくなり、商品のブランドイメージが壊れてしまいます。だから安易に価格を下げてはいけないのです。**高いままで売れる方法をどんどん工夫して売り上げを上げなければならず、それは努力次第でいくらでも可能なのです。**

36

チラシで利益を上げるセールステクニック

どんな戦略が当たるのか見えない時代には、実際に売ってみた結果は大変に貴重なデータです。もったいないことに、昔からやっているプロモーションを年間五二週、惰性的に繰り返している小売店が非常に多いのです。何の疑問ももたずに同じプロモーションを繰り返していれば、やがては効果が減退していくでしょう。いろいろなデータが上がってきているはずなのに、その検証もせずに貴重な情報を眠らせています。

過去のデータには、いろいろな商売のヒントが詰まっています。自社の事例だけで不十分であれば、他社のプロモーションの事例も参考にします。詳細なデータまではわからなくても、売り場を見ているだけである程度のことを推測できます。**あらゆる機会をとらえてあらゆる情報を入手してプロモーションの精度を上げていきましょう**。

小売業で、セールスプロモーションの中心になっているのが、チラシです。そのやり方は旧態依然で、目玉商品をいくつか揃えて価格訴求をしていく方法がほとんどです。そのやり方もあまり効果はなくなっているのですが、やめてしまうとお客様が来なくなってしまうので、これも惰性で続けているケースが多いようです。

お客様は、実際にチラシをよく見ています。では、チラシを見て具体的なアクションを起こしているかというと、実は起こしていないのです。データを分析すると、チラシに載せている商品の売り上げそのものは、不思議なほど上がっていません。

お客様はちゃんとチラシを見て、「この商品は安くていいわね」と気に留めているので、買ってもいいと思っています。しかし、メモを取ることもしないので、来店したころにはすっかり忘れています。

そこで、チラシを打ったら、目立つ位置、見やすい場所に商品を山積みにし、POPをつけて「これがチラシに出した商品です」とアピールする必要があります。お客様は、チラシの内容を一応は頭の中に入れているので、その商品が視界に入ると、「そういえば、チラシで見た商品ね。買おうと思っていたんだ」と思い出して手を伸ばすのです。

これを「想起購買」と呼んでいます。買いそびれたことを後で思い出しても、「まあいいや」で済んでしまうレベルの購買意欲です。でも、「買ってもいい」とは思っているので、売り場が「買ってほしい」という意思を示すと、つい手が出てしまうわけです。

せっかくチラシを打っているのだから、売り場でアピールしないのは明らかに損です。チラシにどの商品を載せるかは、二、三週間前には決まっています。予め計画を立てて、チラシの商品を並べるコーナーを設けて目立つPOPをつくって、作業割り当てで「誰の担当か」を決めておきます。

ただし、チラシはどちらかというと価格訴求型のプロモーションです。**価格以外の魅力で売り込むためのプロモーションも同時に行うためには、テーマ性をもってお客様にアピールし、チラシの商品とは別に、価格の安さではなく商品のよさをアピールする売り場をつくります。**

たとえば、地方の名産品のような高価格でおいしい食品を試食でアピールします。その商品は聞いたこともないブランドで価格も高いので、お客様はなかなか購買意欲がわきません。でもとてもおいしい。このような商品を試食してもらって、価格をいつもよりちょっとだけ下げて売ると、びっくりするぐらい売れることがあります。

例えば一〇〇〇円だと普段は二個しか売れなかった商品の価格を九五〇円に下げて試食をしたら、二〇個売れたとします。普段の売り上げ二〇〇〇円に対して、価格を下げて試食をすれば一万九〇〇〇円になります。同じような商品を三種類ほど並べれて売れば、そこに販売員を置いても、人件費分ぐらいは軽くペイしたうえに大きな粗利が取れます。

反対に、安くてそれなりの商品を試食して売ろうとするとします。安くてそれなりの商品というのは、お客様は普段そういう商品を買っていますので、味が想像できてしまいます。それをわざわざいま買わなくてもいいので、コストと手間をかけたわりにはあまり売れず、しかも安く売っていますから利益も取れなくなります。

お客様はパッと見ただけで、これは「よさそうな商品だ」と感じることがあります。だけど、価格が高いと、なかなか手に取ってみる勇気が出ません。一〇〇〇円も出しておいしくなかったら嫌だからです。

そのきっかけを与えるために、試食をしてもらうのです。「確かにおいしい。一〇〇〇円を出す価値はある」と気づいたら、お客様は価格が少々高くてもちゃんと買ってくれるのです。

5章

今までのやり方をやめて、構造的に改革する

37

小売りが流通構造のイニシアティブをとる

メーカー、卸、小売りが、共通の目的に向けて協力していくなかで、小売りの役割は「消費者ニーズの把握」にあります。英語で言う「finding（発見）」機能を充実させていくことが、何より小売りに求められています。

いまの時代は何が売れるか、本当に見えにくくなりました。以前は、「こういうものが売れるだろう」とメーカーが自分たちで考えた商品を開発し、それを大量生産によってコストダウンしたうえで、卸が各メーカーから商品を一カ所に集めて一括して配送する。そうして届いた商品を、機械的に売り場へと並べておけばいいという時代が長く続いていました。

小売業は、売り場の物理的なスペースをとにかくたくさん用意し、店舗のオペレーションさえしっかりしていれば、売り上げはどんどん上がっていったのです。このため、「お客様のニーズの把握」という機能が、重要視されることはありませんでした。

メーカーが用意してくれた商品を、一つひとつ吟味して選ぶわけでもなく、どの商品を品揃えするかは、卸がコーディネートしてくれたので、小売りがやることは価格を下げてチラシを撒くだけです。どんどん価格が下がり、利益が上がらなくなって、メーカーからリベートをもらってなんとか利益を出しているというのが実態でした。いまでもそんな旧態依然の小売りは多いようです。

ところが、時代は変わって、昨日まであんなに売れていた商品が、今日はさっぱり売れない、次に何が売れるかという予測がつかない時代です。

メーカー、卸、小売りの三者の中では、実際に何がどれだけ売れているという生のデータを持っているのが、小売りです。そのデータからお客様のニーズを予測できるわけでありませんが、売った結果はわかります。メーカー、卸、小売りで知恵を出し合って、「こういう商品なら売れるのではないか」「こういう売り方にしたら売れるのではないか」という仮説を立てて、売り場で実際にやってみます。

やってみた結果が実際のデータとなって出てきますので、仮説が正しかったか間違っていたかはすぐに判明します。**うまくいけば大々的に売り込み、うまくいかなければ改善す**

る方法を考えてまた試す。この繰り返しで効率を上げていくのです。

結果は早ければ一日、どんなに遅くとも一週間で判明しますので、そのデータをすぐにメーカー、卸にフィードバックし、計画生産、計画在庫、計画物流に活用してもらう。これによって効率よく生産から販売までを管理し、そのコスト削減分を三者で分けあえばいいのです。

メーカーも卸も何が売れるかなどわかりませんから、売ってみるしかないのです。そして、実際の現場で売るということができるのは、小売りしかないのです。

小売業はもっともお客様の身近に接してしているのですから、もっともたくさんの情報を持っているはずであり、お客様と直接コミュニケーションできる位置にいます。お客様の満足のために、中心になって流通を牽引しなければならない立場なのです。

いままでは、実際に流通をコントロールしていたのはメーカーであり、お客様のニーズを把握するために一生懸命にマーケティングリサーチし、お金をかけてプロモーションし、売り方をあれこれ考えていたのです。

これは、小売りのほうが偉いのだといっているわけではなく、小売りがもっとしっかりお客様のニーズを把握し、率先してイニシアティブをとらない限り、流通構造が効率化できない時代になったことを意味しています。

卸とメーカーのいまの役割も、変わっていかざるをえないでしょう。メーカーは商品開発機能を強化し、卸は最適な物流ができる機能を充実させていく方向へ向かい、そして、これまで続いていたメーカーがコントロールしてきたチャネル構造は変わっていかざるをえないし、変えないと流通全体の効率化は不可能な時代になるでしょう。

何が売れるのか、どうすれば売れるのか、実際にやってみない限りわからないということは、小売りが率先してやるしかありません。そこで得た情報をメーカーや卸に提供し、「こういう商品にニーズがあるからつくってほしい」「こういう売り方をすれば売れるから、協力してほしい」「今後こういう需要が発生するはずだから、準備してほしい」というように、小売りが基点になって流通全体をコーディネートしていくことがとても重要です。

38

小売りとメーカーが一体になると、利益が上がる

小売りが流通をコーディネートして、流通の中でイニシアティブを持つようになっていくと、やがてメーカーを支配してしまうのでしょうか。私は、そうはならないだろうと思いますし、「どちらが流通を支配するか」などという競争は無意味です。

過去にいくつかの小売りが製造業に進出したケースでは、ことごとく失敗しています。垂直統合などという言葉が流行って、「小売りがメーカーを支配して商品をつくらせることで効率が上がる」といわれた時期もありました。売りたいものを自分でつくって自分で売るわけですから、研究開発費もマーケティングも無用、営業経費もなく、中間マージンはそっくり省けます。その結果、コスト削減できて安く売れるはずでした。

ではなぜ失敗したのかといえば、小売りは新しい商品を開発する機能を持っていないからです。かつて小売りがやっていた自社生産とは、いますでにある商品で、ある程度売れ

ているものを、「自分でつくってしまえばもっと儲かる」という発想があるだけで、いままでにない商品を開発したわけではありません。

いまはとくに流行りすたりのスピードが速く、既存の商品はすぐに売れなくなります。お客様はたいていの商品をすでに買って持っていますから、安くなったところで買わないのです。すでにあるものを安くつくっているだけですから、最初はよくてもいずれ誰も買わなくなります。

いままでにない新しい機能、魅力的な商品を誰かが開発しない限り、売り上げが上がらない世の中になっています。そして、それができるのはやはりメーカーなのです。

メーカーはどんどん新しい技術を開発し、新しいアイデアを形にしていく力を持っています。いまメーカーが困っているのは、新技術を搭載した新商品を出したとしても、それが売れるか売れないかはわからないことです。だとしたら、小売業と一体となるしかないのです。

お互いにリスクを分け合って、新しくできた商品が売れるかどうか実際の売り場でやってみる。売れたら追加生産し、売り先も広げていけます。ですから、小売りとメーカーが一体となって、お互いの役割分担の中で、いかにお客様のニーズに応えていくかが重要になってきます。

ドラッグストアのときに手がけたオリジナル基礎化粧品シリーズは、その好例です。見たこともないブランドの化粧品が、店の隅に申し訳なさそうに陳列されているのを見つけたのは、私が二〇〇三年にドラッグストアの社長に着任して間もなくのことでした。

聞けば、エステティックサロンの間では比較的に知られているいうことです。わずかなお客様用に数点を仕入れている状態でしたが、スタッフいわく、「とても評判がよくて、知っている人は買ってくれる」ということでした。

オリジナリティが高くて目玉になる商品を探していた私は、「これはいけるかもしれない」と直感しました。値段も四〇〇〇円から五〇〇〇円とそれなりに高く、知っている人は知っている優れた商品であり、しかも他の小売店では売っていない。こういう商品は大きく飛躍する可能性があります。

ビューティーアドバイザーを教育して店のエンドで大々的に展開し、一斉に売り込んだところ、四アイテムしかないのに、並居る大手ブランドメーカーの化粧品を押しのけて、一気に最多売り上げを記録しました。

気をよくした私たちは、**メーカーと協力してそのドラッグストアオリジナルの商品を**

次々と開発していきました。その商品をベースに、アイデアを出し合ってさらにいい新商品ができあがりました。

オリジナルですから、メーカーはほかに売り先がありません。つくった商品は全部そのドラッグストアで引き取り、料金も前払いという条件を飲んだことで原価も抑えられ、高い品質でありながら、リーズナブルで、しかも粗利もとれるという最高の商品ができあがりました。

これが、年間で一〇億円以上を売り上げるヒット商品になり、その前年に年間一五億円の赤字だった会社がたった一年で蘇ったのです。

39 バイヤーが売れ筋商品をつくる

お客様に満足していただくためには、小売業だけでできることは限界があります。商品を生産しているメーカーがあって、卸を通じて小売りに納入され、最終的に小売りの売場に商品が並び、お客様に買っていただくわけです。お客様に満足していただければ、小売りも卸もメーカーもみんな潤うのです。役割は違っても、会社は違っても、目的はただ一つ、どうやってお客様に満足していただくかということです。

一昔前は、卸は卸、メーカーはメーカー、小売りは小売りと、それぞれ個別にお客様の満足を考え、三者が連動して何かをすることはほとんどありませんでした。かえって、お互いに利益の取り合いをしていることもあったほどです。けれども、いまはモノが売れない時代なので、小売り、卸、メーカーが一体になって知恵を出し合って、お客様の満足を考える時代になってきています。

メーカー、卸、小売りはもっと関係を深めるべきですが、どのようにすればよいのでしょうか。**お客様に満足していただく売り場をつくることをお互いに考えて、コミュニケーションをとり、共通の目標をもって実行していくことによって初めて、真にお客様が満足できる売り場が完成する**のです。

そのキーポイントになるのが、バイヤーです。バイヤーとはその名のとおり、「仕入れ担当」なのですが、メーカーや卸から売り込みがあった商品をセレクションしているだけなのが実態です。メーカーや卸は同業他社すべてに売り込んでおり、条件もほとんど一緒ですから、小売りでやることと言えば値段を下げるだけで、その結果、利益がとれなくなっているのです。

値段が下がればお客様は喜びますので、お客様満足に寄与した面がないわけではありませんが、もう値引きも限界です。小売業、卸、メーカーが儲からなくなれば、お客様が満足する商品を開発したり、いいサービスを提供できなくなり、お客様に満足されなくなります。

成城石井では、バイヤーの仕事を本来の役割に戻そうとしています。すなわち、「こういう商品が売れるだろう」と想定して、求めている商品を自分たちで探し、交渉して仕入れるのです。

これは私が成城石井の社長に着任した当初から提唱していたことで、すでに重点開発商品のピックアップを済ませ、バイヤーが世界各国に散らばっています。早いものでは、すでに販売をスタートしており、一〇月ごろには続々と商品が揃う予定です。

たとえば、六月に入荷したギリシャ産のオリーブは、バイヤーが現地まで買い付けにいった商品で、品質がとてもいい。しかも、一瓶六〇〇円程度と、輸入食材を扱っているほかの店の同種の商品と比べてもリーズナブルです。それでいて粗利もとれて、どこにも売っていない商品です。実は、こういう商品は世界中を探せばいっぱいあるのです。

小売りはいままで大手メーカーや商社に頼りすぎていました。大手メーカーから商品を仕入れれば、安定した品質の商品が過不足なく手に入ります。自分たちで世界中に探しにいく手間をかけなくてもよかったのです。でも、そんな商品は全国どこでも売っています。

メーカーも、その実、輸入販売が実態だったり、ブランドメーカーに徹していることが多く、実際の製造は、東欧、中東、ポーランド、ギリシャ、トルコ、そういうところでつくっていることも多いのです。そうした工場を探し当てていくと、大手メーカーが売っていない商品が結構あるものです。こだわってつくっているため生産数が限られ、商社が扱うにしてはロットが少なすぎるというケースもあり、そういう商品が見つかったら好都合です。売り先がなく困っていた商品をまとめて買いつければ、メーカーも喜ぶし、値段交渉もスムーズです。こうして、品質がよくて、価格もリーズナブル、おまけに粗利も大きい商品が手に入るわけです。

ドラッグストアのときにはメーカーと協力してオリジナル商品の開発にまで踏み込んだことで、業績を急速に回復させることができました。オリジナルですから他社では売っていません。**価格競争をすることなく、品質のいい商品で粗利もとれる商品を売り込むことで、利益構造がまるで変わってきた**のです。

このように、小売りがメーカーと交渉して自分たちで商品を仕入れる、もっと言えば、商品を開発してしまう。そういうことが大事な時代になっているのです。

40

売り上げではなく、粗利率を上げて生き残る

少子高齢化社会の日本では、今後、人口が増えることはまずありません。ほとんどの業界で、「売り上げをいま以上に上げることは困難になります。基本的には「マーケットは縮小する」という前提で、会社としてどう対応していくのかを考えるべきです。

小売業は輸出で国外に活路を求めるのが難しいドメスティックな産業であり、他の産業と比べてもその影響は甚大です。世帯当たり、一人当たりの支出も減っていき、おそらく長期的に見ると二割、三割という単位で市場が急速にしぼんでいくでしょう。

売り上げがいまより二〜三割ダウンしたら、利益が出る小売業者はいまほとんどないはずです。放っておくと、ことごとく赤字に転落することになります。にもかかわらず、年率でおよそ二〜三％ずつ小売業の総売り場面積は拡大しています。

大手・中小の別なく、長期的に店舗網を縮小しようと考えている会社はありません。ま

すますお客様の奪い合いになって、既存店の売り上げは市場の縮小幅以上に落ち込み、おそらく個々の店舗の売り上げは平均して三割から四割は落ちるでしょう。

売り場のスペースはますます拡大し、スペース生産性が大幅に低下するのは間違いありません。すなわち、これからの小売業は、生産性が著しく低下する中で、どうやって利益を上げていくのかを考えなければならない状況にあるのです。

売り上げはもう上がらないわけですから、利益を出すためには粗利率を上げるしかありません。

コストを削減するという方法もありますが、前述したとおり、無理なコスト削減は会社を長期的に弱体化させるだけです。となると、粗利率を上げるしかないのです。

粗利率を上げる方法は、基本的に二つあります。ナショナルブランドの仕入れ原価を下げて粗利率を上げる方法と、差別化され粗利率の高いオリジナル商品を開発し、売上構成比を上げる方法です。

一つは、ナショナルブランドを基本に、仕入れ価格を大幅に下げて利益を確保していく方向性です。ナショナルブランドの売価を上げるのは不可能であり、必ず価格競争になります。ナショナルブランドを中心に扱っているいまのスーパーは、仕入れ価格を下げるしかなくなります。

仕入れ価格の交渉は、大きい会社ほど有利ですから、バイイングパワーの強い上位企業へとさらに集中していくでしょう。それでも売り上げは落ちていきますから、上位企業はどんどん巨大化して他の小売りを駆逐するしかありません。つまり、巨大化したほんの数社が生き残ります。

それ以外の小売業はどうするかというと、もう一つの方向性である他社では売っていない独自ブランドの商品をつくり、売り込んでいきます。

それは、いま小売り各社が取り組んでいるPB（プライベートブランド）の戦略では不十分です。PBというと、どこでも売っている定番商品を内製化して価格を下げるかたちの展開をしている小売りが多いのですが、**私の言うPBは高い価格をつけても売れて、なおかつ品質が非常に優れている商品です**。

先述したとおり、安くてもそれなりの品質の商品は、最初はよくてもすぐに売れなくなります。お客様はすでに必要なものは持っているので、いくら価格が安くなっても改めて買う必要はないのです。

これからの商品は、いままで市場になかったような商品、価格競争が必要ないオリジナ

リティあふれる商品であることが第一条件です。価格が高くても、品質のよい商品ならお客様は買ってくれます。

もちろん、品質が高くて値段も高い商品は、ただ店に並べておくだけでは売れません。接客力を強化して、ストアロイヤリティを高めていくことが大切です。

以上のように、これからの小売業は価格訴求型の巨大小売業と、高品質・サービス重視の小売業の二つのタイプに集約されていくでしょう。

41

数多くタマを打って、変化に対応する

過去の実績を分析するのは重要なことです。そこには参考にできる情報が含まれ、ある程度は未来を予測するのにも役立ちます。ただし、答えがあるわけではありません。たとえば、ある共通項を持った商品の売り上げが上がってきたら、「これからはこういう商品が伸びていくだろう」というのは判断できます。また、「過去、こういう手を打ったら成果が上がった」という記録があれば、問題が起こったときの手の打ち方もわかります。ただし、過去の延長線上で考えたことがそのまま当てはまるほど、現在の市場は単純ではありません。また、過去に打った手が、現在も通用するとは限りません。過去の実績はあくまで参考であり、過去と同じことを続けていれば、やがて実績は落ちていくだけで、新しいことを次々に考えていかなければならないのです。

いままで売れたものが、今後も売れ続けることはないけれども、いままで売れたものが

なぜ売れていたのかを理解して、次に打つ手を考えていくことによって、仕事の精度が上がっていくのです。

いまの時代は、同じ販促をやっていたら、どんどん効果がなくなっていきます。同じ商品は、基本的には売れなくなっていきます。しかもそのサイクルは非常に短くなっていきます。新商品も、発売された途端に爆発的な売れ行きを示すことがある半面、一カ月もすれば売れなくなっていきます。

情報が入るのも昔より格段に早くなりましたし、お客様が変わっていく速さにはなかなかついていけないのが現状です。常に新しい手を打ち続けないと、現状維持さえできないでしょう。

そのためには過去の分析を参考にしつつ、その中に隠れている事実を探り、「今年は○○が流行る」と想像していく、すなわち、クリエイティブな考え方をすること、つまり、誰もやらなかったこと、思いつきもしなかった作戦を考えなければならないのですが、これは相当に難しいことです。

結論を言ってしまえば、次にどんな手を打てばいいか、基本的には誰にもわかりません。過去の経験が通用しないわけですから、「こうすればいい」などという答えは誰も持っていないのです。それでも、過去の情報、同業者の情報、異業種の情報などを収集してヒントを求めつつ、今後の世の中で何が起こるのか、どんな手があるかを想像し、アイデアをたくさん出すことが重要です。

「これは」という質の高い方法がないのなら、量でカバーするしかありません。とにかくアイデアをたくさんひねり出し、誰もやっていないこと、思いつきもしなかったことを次々と考えていく。そして、思いついたらやってみる。誰もやったことがないこと、思いつきもしないことですから、うまくいくかどうかなんてわかりません。**世の中にデータが存在しないことをやるのです。「あまりよくない手かもしれない」ことを薄々わかったうえで、それでもやってみるのです。**

いまは流行のサイクルが速い半面で、結果が出るのも早い。アイデアをとにかく量産して実行したら、結果はすぐに出ます。結果が悪ければやめる、よければもっと続ける。このメリハリをつけ、出た結果をヒントに次の行動を決めていく。これが、もっとも最適な手にいち早くたどり着く方法です。

思いついた手を片端から実行していくわけですから、実際に無駄打ちも多いのです。それでも分析や調査をいちいちやっているよりずっと効率がいいことは、私の経験上、実証済みです。どうせ当たらないのなら、時間をかけて分析しても無駄です。お金をかけない、時間を費やさない、人手をかけない、やった結果で判断するべきです。

結果がどう出るかわからないことを実験的にやっているのですから、素早く結果を見て、すぐに次の行動に移るスピード感が求められます。そして実施した結果を見て、売れたらもっと売り込むことを会社の方針として明確にしてもっと大々的に実施する、あるいは全社的に広げていく。

そうして広く深く展開していくなかでやり方が洗練されていき、多くの人が新たな発想を追加して精度を高めていく。それをまた自分のアイデアに追加していく。これを繰り返していくことが、結果として変化の速い時代に成果を上げるのにもっとも効果的な方法なのです。

42 お客様のニーズに合った商品を開発し、それを売り切る仕組みをつくる

これからの小売業は、商品開発力が要求されます。また小売業が商品開発力を持つためには、バイヤー機能の拡充が重要なポイントになります。

バイヤーは、その名のとおり、商品を「仕入れる」役割の人です。ところが、いまのバイヤーは、メーカーがつくった商品をセレクトして仕入れ、店に送るのが主な仕事になっています。

これからの時代は、ナショナルブランドの商品を仕入れて店に並べるだけでは価格競争になって利益が出ないわけですから、**メーカーと一体になって商品を開発していく役割が重要になります**。これは、非常に手間がかかりますし、能力も必要なので、やはり専任化して機能を高める必要があります。

商品開発に専念してもらう体制を整えます。そうなると「バイヤー」という呼称も変わ

ってくるでしょう。専門の部署として確立し、評価基準なども見直していかなければなりません。

また、バイヤーが店のサポートをしなくなるわけですから、専任のサポート部隊が別個で必要になります。その役割を担うのが、スーパーバイザー機能です。

小売業で、一般的にスーパーバイザーというときには、店舗指導員を指します。本部からの指示が現場で徹底できているかを監督し、徹底できるように指導していく立場でした。これからは、**現場の細かい要望に対応していくとともに、現場から上がってきた情報を集約してバイヤーに伝え、商品開発に生かす情報を提供する役割が重要になります**。そして、実際に商品ができてきたら、現場に持っていって売り方を教え、結果を見てその情報をまたバイヤーに上げるといった仕事になるでしょう。

いままでは、バイヤーが一人で両方の仕事をしていたので情報交換も必要なかったわけですが、機能が分かれていることから、バイヤーとスーパーバイザーのコミュニケーションがとても重要になります。また、スーパーバイザーは、現場を上から見るのではなく、現場により深く入ってコミュニケーションをとらなければならないでしょうし、バイヤーはメーカーとのコンタクトもより深くなっていくはずです。

すなわち、現場からメーカーまでの間をつなぐ三者のコミュニケーションが重要な鍵になってきます。これがどこかで滞ってしまえば、質の高い商品が開発できませんし、せっかく売れる商品ができても現場が動かないといった状況が変わらなければ無意味です。

価値ある商品を売るためには、コストがかかります。バイヤーを専任化し、スーパーバイザーの人員も強化します。現場を教育してレベルアップを図るのもコストがかかります。能力が高まれば、報酬体系も変更が必要です。当然ながら人件費も向上するでしょう。

しかし、価値のある商品が売れるようになれば、そのコストをはるかに上回る粗利益を確保できます。なぜなら、売れる商品を開発することができ、価格を下げなくても売る力がつけば大幅な粗利益アップにつながるからです。

価値を生み出す者の価値が上がり、その価値に対して利益が生まれる。これが世の中の摂理です。

店が少なかった時代は「売り場を持っている」というだけで価値がありました。店舗を管理することにも価値がありました。それだけでは利益が上がらなくなったのです。

価値のないところに利益は発生しません。日本中どこへ行っても店はあり、どこでも同じものを並べています。それで、「なかなか利益が出なくて厳しい」などと言っています。

当たり前です。そんなことにいまは何の価値もないのです。

売れるものをつくる力がある。

価値があるものを売る力がある。

お客様に満足いただけるものを開発して売り切る力がある。

それが、価値です。そういう価値が発揮できて、初めて小売業は利益を上げることが可能になるのです。

43

物流は営業に担当させる

物流の善し悪しが、店舗作業に与える影響は、意識していないだけで実は非常に大きいものです。小売業では商品が納品されてから陳列・補充するまでの作業が、全体の業務の中でかなりの構成比を占めており、人件費の中で三〇％くらいになります。

とても大事な作業である半面、作業としては機械的であり、お金をかけたり人数を投入したからといって、お客様の満足度が上がるわけではありません。なるべく少人数で、お金や手間をかけずに、それでいて正確に素早く処理したい作業です。

ちょっと古い話になりますが、セブンイレブンではカテゴリー別の共同配送を実現して話題になったことがあります。牛乳なら、森永乳業のトラックが来て森永乳業の商品だけを降ろしていく、明治乳業の牛乳は明治乳業のトラックが持ってくるというように効率が悪かったので、一社がまとめて持ってくればいいという発想に切り替えました。

従来ではとても考えられなかったことで、非常識な提案でした。実際にこの提案を受けたメーカー側は当初激しく抵抗しましたが、セブンイレブン側が押し切って、ライバルメーカーによる共同配送が実現しました。地区ごとに担当メーカーを振り分けて、一つのトラックに各社の商品をまとめて積んで店舗にもって来る。納品は一回で済みますから店舗の作業効率は上がり、物流経費は大幅に削減できます。セブンイレブンだけではなく、実はメーカーのコストも削減できているのです。

それ以外には、どんな方法があるでしょうか。たとえば、店舗のゴンドラ別、カテゴリー別にまで細分化して商品を仕分ける方法があります。メーカーや卸は店舗別に納品する商品を一つのコンテナに詰めて運び、小売りの倉庫に着くとコンテナごと降ろして納品は終わりでした。これでは店に納品されてから、改めて棚ごと、ゴンドラごとに商品を仕分けしなければなりません。

しかし、一つのコンテナに、同じ棚に並べる商品がまとめて入っていたら、後の作業がとても簡単ですし、技術的にはかなりの程度できるようになっています。ただ、メーカーや卸には、その商品がどの店に入るのかまではわかっても、店の中のどの棚に並ぶのかはわかりません。ならば話は簡単で、小売りがそういう情報を提供すればいいのです。

物流は単にコスト削減が期待できるだけではありません。やり方によっては付加価値を生み出すことも可能です。わかりやすいのがお弁当の温度帯別の物流ケースでしょう。これもやはりセブンイレブンでやっていたことですが、主力商品であるお弁当の味が落ちるのを防ぐために、一日三回に分けて納品させ、なるべくできたてを店に並べるようにしました。もう一つは、運んでいる最中に味が落ちないように、二〇℃の温度帯をキープすることができる保温車を開発したことです。この場合はむしろコストはアップしましたが、それを上回る売り上げを上げました。

物流を効率的に活用し、現場の改善につなげていくためには、営業部門に物流を担当させることも有効な手段です。要するに、**商品を売り込むことを考えている人たちが、どうやって物を動かすことがその商品を売り込むためにもっとも効果的なのかを考えるべきなのです**。

物流と小売りは、トレードオフの関係にある場面が多く、小売りにとっての効率化は物流にとっての非効率になり、物流にとっての効率化は小売りにとっての非効率にあることが少なくありません。全体のコストを最適化するために、物流のコストが割高になることもあります。

物流担当の発想で考えてしまうと、現場の作業効率化が損なわれかねない事態が発生することがあります。たとえ物流のコストは上がったとしても、店舗の効率化によってコスト削減できる効果が上回るなら「それでいい」としなければならないのに、自分の業務の範囲でしか考えられないわけです。

これは物流に限らず何でもそうですが、組織というのは現場の最前線を中心にものを考えるべきです。**小売りの場合は店舗の売り場が最前線であり、その最前線で物を売ることを考えているのが営業部です。**

お客様の満足がもっとも重要なのですから、そのために都合がいいようにすべきで、すなわち営業部がリーダーシップを取っていくべきなのです。物流にあまり目を向けてこなかったためにわからなかったことで、まだ誰も知らない大きなチャンスが眠ったままになっている可能性は決して低くはないでしょう。

44 打つ手につながらないデータは見ない

小売業での営業上の重要なデータは、「売り上げ」「粗利」「在庫」の三つだけです。経験上、それ以外のデータの重要性は大幅に下がります。この三つだけは定期的に細かく見ますから、他のデータはときどき見れば十分です。

データの見方で重要なのは、必ず予算比で見ることです。予算を基準に計画を立て、その達成率で見ていきます。漠然と数字を眺めて、「先月より上がっている、下がっている、在庫が多い少ない」と見ることは無意味です。何かの目標があって、予算を決めているわけですから、その達成率でデータを見ていくのです。

大きな数字を見ているだけでは、手を打った結果の分析はできません。ある店の売り上げが上がったとして、それが手を打った結果なのか、それともたまたまの偶然が重なっただけなのかわからないからです。店別、部門別にブレイクダウンして、手が打てる範囲のかたまりの数字まで細かく見ていくことが必要です。

たとえば、食品売り場の粗利が低かったことがわかったからといって、すぐに手が打てるわけではありません。もう少し細かく、たとえば、「しょうゆの粗利が低かった」ということになれば、安売りをしすぎたとか、具体的な作戦を立てることができます。

経営にとっては、どんな些細なデータもあるに越したことはありません。しかし、手の打てないデータを仔細に見ても時間が足りなくなるだけで、意味がないので見ません。何に絞るかといえば、「具体的な作戦を立てるための数字」なのです。

重要な項目に絞った上で、その中でも毎日見るデータと、週次で見るデータと、月次で見るデータを分けるべきです。この場合、**毎日見るデータは売り上げ、粗利、週次で見るデータは在庫、月次で見るデータは営業利益**です。

営業利益は、小売業の場合は粗利と人件費と店舗費でほとんど概算の数字が出ますので、営業利益管理には三つのデータだけ見れば十分です。それ以外の経費は、コントロールしようがありませんし、細かいので手間の割には効果が出ません。

次に粗利ですが、売上×粗利率で見ることが重要です。粗利の計画比は、売り上げに次いで重要な項目です。特にいまは売り上げがなかなか上がらないので、粗利益率をどうやって上げるかを考えなければなりません。粗利率を上げるための手を打ち、それを月次で確認していくわけです。

売り上げは既存店の伸び率で見ます。新店を開店すれば売り上げが上がって当然なので、経営の効率が上がっているのか下がっているのかはわかりません。既存店の売り上げが利益に大きく影響します。**既存店の売り上げの伸び率を、店別、部門別に「前年差（前年同期比）」で見ていきます**。

小売業の場合、前月、前週、前日の比較をしてもあまり意味のない場合が多く、たとえば、月曜日に前日の日曜日と売り上げを比較しても、まったく売り上げが違います。**このため前年の同月、同週、同日で比較していくわけです**。

人件費は、売り上げを分母、人件費を分子にして人件費率で見ます。ただ、人件費率がわかってもそれだけでは打つ手がないので、一人当たりの人件費、一人当たり売り上げを出して、その変化を見ます。

一人当たり売り上げは、より少ない人員で同じ仕事をこなせるようなオペレーションを開発していくことで上がってきます。また、パート比率を上げていくと一人当たりの人件費が下がるので、これも粗利率の向上に貢献します。この二つの数字を見ることで、オペレーションを効率化していくか、それともパート比率を上げて人件費を効率化していくか、どちらが打ち手としてより最適なのかを判断していくのです。

店舗費も、店舗費を売り上げで割って店舗費比率を出し、これをさらにブレイクダウンして売り場面積で割って、坪当たり売り上げと坪当たり店舗費を出します。

小売業の場合、生産性で重要なのは、人の生産性と、スペースの生産性と、在庫の生産性です。スペース生産性も、坪当たり店舗費というコストの要因と、坪当たり売り上げというスペースの生産性の問題に分けて考えて、どちらがよくなっているか、悪くなっているかを見ることで打ち手につながります。

在庫の生産性は、在庫日数で見ます。多くの場合、単品別に見ると、在庫日数が三〇〇日などという回転率のとても悪い死に筋商品が見つかります。在庫を売り上げで割って、売れ筋商品と死に筋商品の適正在庫基準を持って見ていくといいでしょう。

45

みんなで共通のデータを見る

仕事で見るデータは、打つ手が判断できるデータにして見なければ意味がありません。商品部が見るデータと、売り場の人が見るデータと、経営者が見るデータが各々違うと、会話になりません。会社にとってどれが重要な数字かを経営者が決めて、極力シンプルな数値に集約する必要があります。

「見る数値はこれだけでいい」

そうと決めたら、その数値だけを経営者から現場の人まで全員が見る。一目見れば、経営者が考える重要な数値がよくなっているか悪くなっているか、一目瞭然でわかるシステムを開発して、全員が同じ指標を見て各々の仕事上の判断をするべきです。

ＰＯＳデータは小売りにとって最大の情報源であり、打ち手の結果がそこに表れます。ところが、このＰＯＳデータを戦略的に活用していないのが実態なのです。これは理由があって、ＰＯＳデータは結果として売れた量はわかっても、売れている商品がなぜ売れたか、売れない商品はなぜ売れないかがわからないのです。

本当は売れる商品が売れないのは、お客様の視界に入りにくい劣位置にあるので売れないのかもしれない。あるいは、売れている商品が売れているのは、利益を度外視して価格を下げているから売れているだけで、本当は大して売れない商品なのかもしれない。こうした事実は、ＰＯＳデータからはわかりません。

つまり、**実際に売り場の実態に即して見なければ、どんなにＰＯＳデータを眺めても意味はありません。逆に言えば、売り場の実態に即して見ることができれば、活用の余地は十分にある**ということです。

いわゆる陳列情報と連動し、この商品はどの位置に何フェイスで陳列されているのか、定番棚割か、特売スペースか、それぞれ優位置にあるのか劣位置にあるのか、在庫量は十分か、品切れはないか、ＰＯＰや接客でちゃんと売り込まれているか、といった状況に連動してＰＯＳデータを見ることで、打ち手がちゃんと見えてきます。

定番商品で売れているのに劣位置にあるなら、優位置に移動する。在庫切れなら、在庫量を増やす。フェイスが取れていないなら、フェイスを拡大する指示を出す。そして結果をPOSデータで確認し、成果がなければ次の手を打つのです。

何度も言っているように、いまの時代は、売れる商品しか売れないし、売れる打ち手しか当たりません。「そこそこの商品」「そこそこの手」というのは実際にはありません。売れる商品以外は売れず、売れる打ち手以外は失敗です。そして、売れる商品、売れる打ち手とは何なのかがわからず、しかもとても少ないのです。

つまり、**「売れる」というのがわかったら、それは貴重な発見です。なかなか訪れないビッグチャンスですから、「売れる」ことがわかったら、極限まで拡大して、とことんやり尽くすことが重要です**。

実際、売れる打ち手がないなかでも、一〇倍以上売り上げを伸ばす方法がたまに見つかります。たとえば、試食はとても有効な販促ですが、やっても全部当たるわけではなくて、わざわざ販売員を置いて試食をしても、普段の二倍も売れない商品もいっぱいあります。それでも品を変えて続けていくと、一〇倍売れる商品にいつか突き当たります。そうしたら、即座に反応しなければだめです。

機を逃すと、次にいつ突き当たるかわかりません。間髪を入れず、全店ですぐに導入し、売り場も広げて、三カ月に一回といった計画を立て、売れなくなるまでとことんやる。その体制を一斉に敷くわけです。

そのためには手を打った結果がすぐに見たい。ＰＯＳデータで上がってきたら、結果の数字を自動的に分析してパッと見ればわかるように表示します。

また、「当たった手に近いこと」をすれば当たる確率も高くなります。たとえば、試食するのでも、やや高めの商品で、一日に二個ぐらいのペースで売れている商品を試食すると大当たりするケースが多いとわかったら、そういうケースを、データを洗い直して探し出し、やり尽くすのです。

情報システムは単なるツールにすぎないのですが、具体的に手を打ち、結果を素早く分析する速さと正確さが、小売業にとってもっとも重要なポイントなのです。

46

一つひとつの作業を細かく見直すことにより大きなコスト削減ができる

作業手順を標準化し、現場で徹底させることは重要なことですが、その重要性が現場の人にはなかなか感覚として理解できないものです。

現場では、繰り返し何千回も何万回も行う作業がとても多く、一つひとつの作業は、一人当たりの時間にして瞬間的なものであっても、個人では「無駄になっている」という認識はありません。でも、それを全社でトータルすると、とても大変なコストになります。

レジ業務を例にとれば、一つの店舗で一日一〇万人のお客様があったとすると、商品の値段を集計してお客様から料金をいただき、釣り銭をお渡しするという作業を毎日十万回も繰り返していることになります。ここでもし、作業手順を見直してレジ業務を三秒短くできるようにしたとすれば、一〇万回×三秒ですから、店全体で三〇万秒の時間を削減できるのです。

三〇万秒は時間に直すと八三時間ですから、現場の人の時給が一〇〇〇円だとすると、一日八・三万円分のコストに相当します。これを一カ月続ければ二五〇万円、一年間なら三〇〇〇万円になります。

わずか一秒、二秒という効率の差が、全体で見ると膨大なコストに膨らんでいるのです。すなわち、作業のやり方をほんの少し工夫するだけでも、業績やコストが大きく変わってきます。

ところが、現場の一人ひとりにとっては、その差はわずかにしか感じられません。数秒短縮したところで作業時間も変わらないし、給与も変わるわけではありませんから、一人ひとりの解釈で仕事のやり方を曲げてしまうことは、全体としてとても大きな損失につながってしまいます。その逆に、指示を徹底して守らせることは、大きな成果を生むことになるのです。

現場の改善は、細かいことの積み重ねです。レジ業務で言えば、お客様は一日一〇万人でも、一人当たりのレジ作業は回数にしてせいぜい数百回ですから、一回のレジ作業で三秒短縮しても、一日にして一〇分か二〇分ぐらいにしかなりません。従って、現場の人にとっては、「改善しても成果の出ない重要度の低い作業」としか思えないのです。

仮に、改善の発想ができたとしても、予算をかけて実験することはできないし、全社的に応用したときの効果の検証もできません。やはり本部が実験や検証を繰り返し、もっとも理に適った方法を現場に徹底するように指導しなければならないのです。

作業効率の改善で有名なのは、牛丼屋で実施した「作業効率改善プロジェクト」です。これは、店舗の作業効率を見直し、作業のために店内を歩く歩数や時間、レジ打ち作業の手数や決済時間から、厨房内の施設の最適化を含め、徹底的な分析によってとことん無駄を省くという試みです。

この結果、二〇〇二年度では、スタッフ一人ごと、一時間当たりの顧客獲得数を、前年の一一人から一五・四人に向上させることができました。単純に言えば、スタッフ一人当たりで一・五倍の売り上げ増になったようなものです。

ドラッグストアの改革のときには、吉野家を参考にして、作業改善に取り組みました。専門業者に委託して現場の作業改善を行ったところ、人時生産性を二〇%改善できることが判明したのです。

そこでは、荷受け作業を改善しました。この作業はお客様が喜ぶわけでもなければ、スタッフにとっても重労働なので、できれば一手間でも二手間でも減らしたいところです。

それでも必要だからやるわけですが、本来はやらなくてもいい労力が一時間かかっているとしたら、その一時間は誰も得をしない本当に無駄なコストと言えるでしょう。

そのドラッグストアでは、物流業者に夜間納品してもらい、無検品にすることで、一挙に省力化しました。これも、「本当にその作業が必要か」を問い直したことで出てきた発想です。夜間納品と無検品にしたことで、店舗の作業が大幅に削減できたのですが、よく見直してみると、どこの店舗でもだいたい一〇％程度はすぐに作業改善できるようです。

いま一〇％と簡単に言いましたが、これはコスト的に見れば大変な効果を生みます。逆に言えば、**どこの小売店でも少なくとも一〇％程度は無駄なコストがかかっている**ことになります。

むやみに人件費を削減すべきではありませんが、荷受け作業のような無駄なコストは即刻、削減しなければなりません。作業動線を変えてみる、手順を変更してみる、あるいは、機器を変えてみる。それだけで驚くほどのコスト削減効果が表れるはずです。

47

必要な作業だけに人を割り当てて効率を一〇％改善する

現場では、数多くの作業を多くの人が分担して行っています。特に小売りの場合は、比較的単純な軽作業が多いこともあり、誰が何の作業を担当しているのかがあいまいで、たまたまその場にいた人が目の前の作業をするといったことが日常茶飯事になっています。

作業シフトも複雑で、午前中だけ勤務する人、夕方の二時間だけ働く人もいます。すなわち、「どういう作業がどれだけあるから何人必要」ではなく、「人が何人いるから、誰にどれをやってもらう」という考え方になり、人に作業を当てはめてしまっているのです。このため本来はもっと少ない人数でも可能な作業を、必要以上のマンパワーでやらざるを得なくなっています。

作業をしてもらうために人を雇っているのですから、自分の作業が終われば帰ってもらってもいいはずなのに、誰が何の作業をするのかあいまいなために、本当はその人がやらなくてもいい作業をわざわざ残業してやってもらう羽目になるのです。現場の人にとっては、一時間分の残業代が減ったぐらいでは報酬の差は大した額ではありませんが、全社的に見ると、一人につき一時間の不要な残業が発生していたら、膨大な額のコストが発生していることになります。

現場の責任者としても、せっかく給料を払っている人を遊ばせるわけにもいかないので、「暇ならこっちを手伝って」といって人を動かします。レジに何人、バックヤードに何人というように配置するのですが、実際には作業が少なくて、暇をもてあましている時間が長くなります。そうして必要性の低い、成果の上がらない作業をさせてしまうのです。

現場の人たちは忙しそうに働いており、人数はむしろ不足しているように見えるのですが、実は、不要な作業をたくさんやってしまっているために、必要以上に忙しくなっていることも多いのです。

では、どうすれば適正な作業人数が実現するのでしょうか。

一つひとつの作業を、常に適正人数で行うためには、作業に人を張りつけるしかありません。どのような作業がどれだけ発生するのかをまず明確にして、作業に合わせて必要人員を割り出していくことで、適正人員を保ちやすくなります。

つまり、朝、現場の人が出勤してきたら、変形労働時間制を活用して「あなたは何時から何時までこれをやってください。終わったら帰っていいですよ」と一人ひとりに伝えられるようでなければならないのです。

各店舗で月間の販売計画があり、それに合わせて週間作業計画をつくり、日次で個人別に作業割り当てをしていくのです。各人が具体的な行動計画を立て、今月は何をする、今週は何をする、今日は何をするという具体的な作業が明確になっていないから、その場その場で「さて、今日は何をするか」と考えて、無駄な業務を発生させているのです。

常に**前もって、どのぐらいの作業が発生するかを見込んで、それに合わせて計画を立てていくことを習慣にしていくことで、驚くほど少ない人員で余裕のある作業ができるようになります**。

作業改善については、一般的にはトヨタ自動車が有名ですが、製造業ではこうした作業改善がすでに当たり前になっています。製造業以外の業種に目を転じてみると、小売業はこの問題にはほとんど着手してこなかったといってもいいでしょう。

成城石井でも、計画的な作業割り当てがなかなか浸透せずに、いまだに目の前にいる人に指示を出すといった方法がまかり通っています。いま現在は、専門業者を入れて作業改善をやっている途上で、まだまだこれからというところです。

改善すべき点は、レジ作業、補充作業、荷受け作業です。店舗の全作業に占める割合のうち、六〇%がこの三つの作業に充てられています。理論上、この三つの作業を効率化することで、現在よりも一〇%以上少ない人時を可能にすることがわかっています。従って、もっともマンパワーがかかっているこの三つの作業の改善が柱になります。

何度も言っていますが、仕事は効果の高いこと、重要なことから進めていくべきです。

48 人件費は人時数により週次で管理し即、手を打つ

人件費は経費の中でもっとも多くを占めており、無駄を省いて適正化することはとても重要です。ただし、無理に人を減らしたり、現場の実態を考えずに一律に残業代をカットしたりといった、安易な人件費削減は避けなければなりません。

人件費で問題になるのは、その総額ではなく、月末になって初めて給与計算をして支払う額が確定することです。ということは、支払額がわかったと同時に、支払いが確定していることになります。

人件費が月末にならないと確定しないというのは、こういうことです。「今月は残業が多かったので、人件費がこれだけかかりました」という報告が人事部から上がってきたときに、「今月はちょっと多いから、人件費を削ろう」などという芸当はできるわけがありません。もう終わってしまったことなので、いくらかかっていようと、給料は必ず支払わ

なければならないからです。

そのときになってコントロールしようもないデータを眺め回しても無意味です。かといって、その月の第一週、第二週が終わった時点で人事部に給与計算させることもできません。

では、どうやって人件費をコントロールするのでしょうか。

私が行っている方法は、まず**固定的な人件費と変動する人件費を分けて考える**というものです。固定給はどんなことがあっても減らすことはできませんので、残業費、時給で働いているパート・アルバイトの給与といった変動する人件費をコントロールしていくのです。

通常、月次予算はどこの会社でもつくっています。固定給が総額いくらというのは確定していますから、これに「平均残業時間が何時間で、時給で働いている人の総労働時間が何時間だから、総人件費はいくらになる」という計画を立てて、予算を編成しているわけです。

計画はあくまで想定ですから、実際に支払う額は変動するのですが、支払いが確定する月末になってから総額が判明するのでは遅すぎます。そこで、人件費予算を人時数計画に変換して、この月次の人時数計画を日別に割ることで、期中で人件費を狙った額にコントロールしていきます。

たとえば、今週までで人時数が計画比で一〇五％だから、このままいくと今月の人件費が一〇五％になりそうだということは月中にわかります。それならば、月の後半の人時数を計画の九五％に抑制した人時数計画に変更して、人件費をコントロールしていくのです。

この場合、固定給は動かせませんので、時給で働いている人の勤務時間をコントロールしていきます。パートさんが何人いて、それぞれ何時間勤務しているのはわかっていますので、残りの日数を換算し、「今月は何人時にすれば総額で九五％になる」という計算はすぐ出てきます。

こうした管理をするためには、時給で働く人が何時から何時まで働いているか、一人ひとりの社員が残業を何時間したかを毎日チェックして、人事部が確定しておかなければなりません。つまり、人時数管理を毎日行うことで、期中で人件費コントロールができる仕組みが可能となるのです。

ここで、「そんなことをしたら、必要な作業ができなくならないか」という疑問がわくはずです。人時数の計画は、それだけの作業量が必要だから計画されているはずですが、何度か言っているように、仕事は「優先順位の高いものからやっていく」のが基本です。**重要度の高い作業からこなしていけば、後になるほど重要度の低い、成果の上がりにくい作業が残りますから、その作業はやらなくていいことにする**のです。かえって重要度の低い作業をしなくなるので、効率は上がります。仮に、その作業をやらなくなった結果、売り上げにも顧客満足にも大して影響がないことがわかれば、以降はずっとやらなくてもいいという判断ができ、業務の効率化に寄与するはずです。

私はこの方法をコンサルタントに入ったいくつかの会社で導入して成果を確認しています。その後、ドラッグストアでも導入しましたし、いま成城石井でも実施しています。

人件費のような重要度の高い科目については、私のやっている方法だけではなく、なんらかの方法を考えて、柔軟に管理できるような仕組みをつくっておくことが肝心です。

49 店舗開発のノウハウを蓄積する

いまの世の中は、どんな商品が当たるか、どんな手を打てばいいかわからないので、失敗してもいいからとにかくやってみることが大事だと言いました。これには一つだけ例外があって、店舗開発だけは慎重にならざるをえません。投資もかかりますし、一回造ってしまうと、なかなか動かせないからです。

売れる商品、売れない商品の二極化と同じように、売れる店と売れない店の差がとても大きくなっています。以前は新店で失敗するケースはまれでした。周りに競合店が少ない上に人口が多いというようなおいしい立地が全国にたくさんあり、出店すればそれなりに売り上げは上がったものです。

ところが、いまは空振りの確率が非常に高く、出店した結果、売り上げが計画の半分にも満たないケースさえ珍しくありません。

かつて、新店を出しさえすれば売り上げがどんどん上がった時代があったために、意外に店舗開発のノウハウが確立されておらず、人員自体も少ないのです。

まず物件情報の見極めができていません。本来なら、デベロッパー、不動産業者、金融機関などとコンタクトを取って、有望な物件を積極的に探さなくてはいけないのに、現在は、受け身で送られてくる情報からセレクションしているだけです。不動産業者などから送られてくる物件情報は、すでにどこかに取られたいい物件の残りが送られてくるわけですから、ほとんど期待できません。

本来なら自分たちで積極的に情報を探しに行かなければならないのに、事務所に座って待っている限り、魅力的な物件情報にたどりつくことはありません。あまり積極的にやられていないのです。

次に、いくつか気になった物件があったとして、そのうちのどれを選択するのか判断するうえで、立地から売り上げを予測する精度を上げなければなりません。これもほとんどノウハウは開発されていません。

唯一あるのは、「商圏人口何人の立地にどの業態を出店すれば売り上げいくら」という経験値だけで、これではぶれが大きすぎます。どういう立地で、どういう業態なら、どれぐらいの売り上げなのか。あるいは、その地域の中で売り上げを決めている要因が何なのか、といった分析がほとんど行われていません。成功した店舗、失敗した店舗の要因分析さえ、あまり行われていないのがいまの小売りの実態です。

では、成功する店舗の必須条件を見つけ出すことは可能なのでしょうか。たとえば、商圏の中に、どのような施設があって、年代別の人口構成比はどれぐらいで、幹線道路からどれぐらいの距離にあるといった条件がおそらくあって、プラス要因とマイナス要因をかけ合わせて結果どれくらいの売り上げが見込めるかという方程式は成り立つはずです。自社の実績だけでもちゃんと分析すれば、ある程度の予測精度を確保することができます。

小売りの中で言えば、「しまむら」は比較的に店舗開発のノウハウに長けているといわれています。しまむらの場合は、不動産情報ネットに出ている物件は最初からあてにしていません。ではどうやって物件を探すのかというと、自社で基準にしている条件があって、その条件に合った立地をまず探します。当然そこには地主がいますので、地主に「売ってくれ」もしくは「貸してくれ」と交渉するわけです。

開発部隊の人員も多く、全国をくまなく歩いていい場所を探し出し、土地の登記を調べて地主とかけ合い、土地開発をしていくという一連のノウハウを築き上げているのです。

デベロッパーが開発したショッピングセンターなどに入居するのは簡単なのですが、当然、コストは高くなります。これに対して、いい場所を探し出して地主にかけ合うと、そもそも土地開発など考えていない地主が多いですから、かなり安く借りられるケースも多いのです。

店舗開発は、一店あたり数億円から数十億円単位のコストがかかっており、開発の巧拙によって億単位で利益が変わってきます。手間と時間、人員をかけても十分もとがとれるはずです。

一般的に言うと、年間二〇店舗のペースで新規出店している会社でも、開発要員は三、四人が普通です。しまむらのように、自社開発するとしたら、一つの物件を開発するのに、専属を一人つけても一年は少なくともかかるので、二〇物件を開発するのなら二〇人程度の人員が必要になるでしょう。

これからの小売業は、店舗開発の巧拙が業績を大きく左右します。開発にかかわる人材の質・量が圧倒的に不足している状態を、早急に解消しなければなりません。

【著者】
大久保恒夫（おおくぼ・つねお）
1956年生まれ。1979年、早稲田大学法学部卒業後、イトーヨーカ堂入社。藤沢店、茅ケ崎店にてダイニング家庭用品売場、日用雑貨売場チーフ担当後、本部経営政策室経営開発部担当。89年、プライスウォーターハウスコンサルティング株式会社入社。シニアコンサルタントとしてコンサルティング業務を行う。同年、財団法人流通経済研究所入所。研究員としてＩSM(インストアマーチャンダイジング）を中心とする会員制プロジェクトの研究に携わる。90年、株式会社リテイルサイエンスを設立し、代表取締役に就任。ユニクロのファーストリテイリング、良品計画などの経営改革のコンサルティングを行う。2003年、株式会社ドラッグイレブン代表取締役社長に就任。経営危機にあった同社の業績を急速に回復させる。2007年、株式会社成城石井代表取締役社長に就任。同社で経営改革を行い、業績を向上させる。2011年、株式会社セブン＆アイ・フードシステムズ社長、株式会社セブン＆アイ・ホールディングス取締役を経て、同社常務執行役員に就任。現在、株式会社リテイルサイエンス代表取締役会長、株式会社セブン＆アイ・ホールディングス顧問、インテグラル株式会社顧問。著書に『実行力100％の会社を作る！』（日本経済新聞出版社)、『また一歩お客様のニーズに近づく』（かんき出版）などがある。

［新装版］利益を3倍にするたった5つの方法

2017年８月１日　第１刷発行
2022年６月15日　第２刷発行

著　者　大久保恒夫
発行者　唐津　隆
発行所　株式会社ビジネス社
〒162-0805　東京都新宿区矢来町114番地 神楽坂高橋ビル5F
電話　03(5227)1602　　FAX　03(5227)1603
URL　http://www.business-sha.co.jp

〈カバーデザイン〉ドットスタジオ　〈本文DTP〉茂呂田剛（エムアンドケイ）
〈印刷・製本〉株式会社廣済堂
〈編集担当〉伊藤洋次　〈営業担当〉山口健志

ISBN978-4-8284-1967-1